INTERPRETATIONSHILFE
DEUTSCH

Johann Wolfgang von Goethe

Gedichte 1771–1783

Interpretiert von Helmut Moers

STARK

Bildnachweis
Umschlagbild: © Ursula Mecking
S. 1: © Helmut Moers
S. 5: Porträt Johann Wolfgang von Goethe
S. 7: © Goethe-Museum Düsseldorf
S. 8 oben: © Frauen der Aufklärung und Romantik von der Karschin bis zur Droste, Grupello Verlag 1998
S. 8 unten: © Frankfurter Goethe-Museum
S.11: Franz Neubert: Goethe und sein Kreis, Leipzig 1919, S.42
S. 25 © Museum der Bildenden Künste, Leipzig
S. 34, S. 57, S. 70: © Stiftung Weimarer Klassik
S. 77: Privatbesitz, München

Dieser Band wurde nach den Regeln der neuen Rechtschreibung abgefasst.

ISBN: 3-89449-499-9

Inhalt

Autor: Helmut Moers

Inhalt

Vorwort

Liebe Schülerin, lieber Schüler,

diese Interpretationshilfe zu Goethes Lyrik des Sturm und Drang während seiner ersten Jahre in Weimar bietet Ihnen die Deutung von 12 bekannten Gedichten.

In einer **Einführung** zu Goethes Denken wird der „Stein des guten Glücks“ betrachtet, der in Weimar bei Goethes Gartenhaus steht und als Anschauungsobjekt hilfreich für das Verständnis der Gedichte ist.

Die Interpretationen der jeweiligen Gedichte sind alle nach dem gleichen Muster strukturiert. Sie finden Hinweise zur **Entstehung und Thematik**. Ferner wird der **Aufbau** der Gedichte untersucht, wodurch auch die **inhaltliche Aussage** geklärt wird. Der Hauptteil der Interpretation analysiert unter dem Aspekt **Sprache und Form** textnah die einzelnen Gedichte und deutet sie nach Methoden, wie sie auch in Klausuren von Ihnen verlangt werden. Im jeweiligen Schlussteil wird die Interpretation unter dem Aspekt **Intention** zusammengefasst. Zusätzlich werden Verbindungen zu Goethes didaktischem Ansatz aufgezeigt.

Die Auswahl der Gedichte richtet sich nach ihrer Bekanntheit und ihrer literaturgeschichtlichen Bedeutung, die besonders aufgrund der ästhetisch-künstlerischen Qualität der hier interpretierten Lyrik gegeben ist. Goethe hat sich in seinen Gedichten intensiv Gedanken über das Leben gemacht. Er vermittelt uns Geheimnisse unserer Existenz, die auch heute immer wieder neu überlegt werden können.

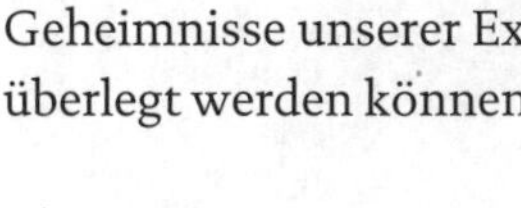

Helmut Moers

Einführung:
Goethes „Stein des guten Glücks“

Im Garten von Goethes Gartenhaus in Weimar findet man den „Stein des guten Glücks“. Diesen Stein schenkte Goethe im Jahr 1777 seiner Vertrauten und Seelenfreundin Charlotte von Stein zum Geburtstag, ließ ihn aber im eigenen Garten aufstellen.

Der Stein besteht aus zwei Teilen, einem Würfel mit der Kantenlänge 90 cm und einer darauf liegenden Kugel mit dem Durchmesser 70 cm. Eine Betrachtung der beiden Steinformen erschließt ihre Bedeutung:

Kugel
- Wendigkeit
- Beweglichkeit
- Flexibilität
- Labilität
- Weibliches

Würfel
- Stabilität
- Beständigkeit
- Festigkeit
- Starrheit
- Männliches

Der „Stein des guten Glücks“ bei Goethes Gartenhaus

Man kann den „Stein des guten Glücks“ als **Symbol der Gegensätze, Dualismen und Ambivalenzen** sehen, die der Mensch in Einklang bringen bzw. aushalten muss. Schafft er es, die beiden Bereiche so anzunähern, dass die Polarität eine Gleichzeitigkeit erfährt (die scheinbaren Gegensätze miteinander verbunden und damit vereinbart werden), vergrößern, ja vervielfachen sich die Fähigkeiten des Menschen, mit dem Leben fertig zu werden. Er erlangt das Glück, deshalb benannte Goethe die Skulptur „Stein des guten Glücks“.

Die Formulierung zeigt, dass Goethe den Stein als Einheit sieht, denn er verwendet nicht den Plural, obwohl es sich eigentlich um zwei Steine handelt. Die Einheit der beiden gegensätzlichen Steine, die Harmonie beider bewirkt das „gute Glück“.

Man kann sich fragen, warum Goethe das Adjektiv „gut“ hinzufügt. Vermutlich will er darauf hinweisen, es handle sich nicht um ein zufälliges Glück, im Sinne von „Glück haben“, sondern um mit Anstrengungen erworbenes Glück. Dies muss man sich verdienen, indem man das Gegensätzliche in Einklang bringt und damit etwas Umfassendes erreicht, sich als **Mensch in seiner Ganzheit** erfährt.

Derjenige Mensch erwirbt also tatsächlich Glück im Leben, der Beständigkeit im Leben zeigt, der gewisse Grundsätze, eine **ethisch-moralische Haltung** besitzt, diese aber nicht starr in allen Situationen beibehält und eventuell daran zerbricht, sondern sich in Konfliktfällen **flexibel** verhält, seine Position überdenkt und weiterentwickelt, sich auf etwas Neues hin bewegt, ohne das Alte aufzugeben. Oder eine andere Konkretisierung: Wer Männliches, Kraftvolles, Starkes mit dem Weiblichen, Sanften und Emotionalen verbindet, der wird sein Glück machen.

Interessanterweise hat sich Goethe selbst im Jahre 1777 in der labilen, flexiblen und wendigen Form der Kugel gesehen, da er sich in den ersten Weimarer Jahren noch als Stürmer und Dränger fühlte und mit dem Herzog Carl August ein wildes Leben führte. Dagegen verglich er die strenge, gebildete und disziplinierte Frau von Stein mit dem kantigen Würfel, der Beständigkeit, Regeln und Mäßigung verkörperte.

Die Polarität der beiden Steinteile korrespondiert mit anderen Gegensatzpaaren, die Goethe als Lebensprinzipien empfunden hat. Er selbst spricht von **Einatmen und Ausatmen, Systole** (Zusammenziehen des Herzmuskels) **und Diastole** (Erweiterung des Herzmuskels) und **Verselbsten und Entselbsten**, also einerseits davon, sich selbst in den Mittelpunkt zu stellen, andererseits davon, für die anderen da zu sein. Ähnlichkeiten mit dem christlichen Liebesgebot sind auffällig: Liebe deinen Nächsten wie dich selbst. Daraus folgt: Voraussetzung für die Nächstenliebe ist, auch sich selbst zu schätzen und zu akzeptieren.

Für Goethe bedeuteten die Lebenspolaritäten und -prinzipien einerseits Konzentration auf sich selbst, ein Zusammenziehen aller Kräfte in das Ich, und andererseits In-der-Welt-Sein, ebenso wie Denken und Tun. Goethe ist bekanntlich nie nur Schriftsteller gewesen, sondern hat sich vielen Aufgaben im praktischen Leben gewidmet, z. B. der Regierungstätigkeit, der Theaterleitung und vielfältigen naturwissenschaftlichen Studien und Forschungen.

Im Ausgleich der beiden Prinzipien waren die Voraussetzungen für eine innere Ruhe gegeben, die – trotz und wegen aller Spannungen – Schöpferisches und große Dichtung ermöglichte.

In den Gedichten sind die aufgezeigten Polaritäten durchgehend zu finden. Hat man sich mit Goethes Lebensprinzipien vertraut gemacht, ist der Zugang zu den Gedichten und deren Deutung viel einfacher.

Biografie und Entstehungsgeschichte

Johann Wolfgang von Goethe

Johann Wolfgang Goethes Leben war einzigartig. Vielfach ist sein Leben, seine Lebensführung als sein größtes Kunstwerk bezeichnet worden. Allein die Tatsache, dass er über 82 Jahre (1749–1832) alt geworden ist, war in seiner Zeit schon etwas Ungewöhnliches. Er stammt aus einer Frankfurter Patrizierfamilie. Der Vater Johann Caspar hatte ein ansehnliches Vermögen geerbt und lebte als promovierter Jurist, ohne einen Beruf auszuüben. Da dessen Schwiegervater Schultheiß (Kaiserstellvertreter) in Frankfurt war, durfte Johann Caspar kein öffentliches Amt bekleiden.

Goethe empfand seinen Vater als streng, ernst und etwas knöchern. Zur Mutter, deren Frohnatur er gern rühmte, hatte er ein herzliches Verhältnis, ebenso zu der ein Jahr jüngeren Schwester Cornelia.

Goethe besuchte keine Schule. Er und seine Schwester erhielten Unterricht zu Hause, einerseits vom Vater, der gebildet und kunstinteressiert war, andererseits von besten Privatlehrern. Es wurde jedoch nicht nur Theorie gelernt, sondern auch gefochten und geritten. Bewegung in frischer Luft, verbunden mit intensiver Naturbetrachtung, förderten den sich für alles interessierenden Johann Wolfgang ganzheitlich.

Er lernte die alten Sprachen: Die Werke griechischer und römischer Schriftsteller sowie das in Hebräisch geschriebene Alte Testament konnte er zeitlebens im Original lesen. An modernen

Sprachen lernte er Englisch, Französisch und Italienisch, sprach diese fließend und übersetzte einige Werke aus diesen Sprachen.

Aufgrund seiner umfassenden Bildung konnte er mit 16 Jahren die Universität besuchen. Der Vater drängte ihn, Jura zu studieren und nach Leipzig zu gehen.

In Leipzig interessierte sich Goethe weniger für die Vorlesungen in den Rechtswisssenschaften als stärker für Literatur und Kunst, besuchte Zeichenunterricht und verliebte sich in ein Mädchen namens Käthchen Schönkopf. Die Liebe beflügelte ihn zur Produktivität. Gedichte entstanden, die noch im herkömmlichen Stil des Rokoko gehalten waren. Sein Talent wurde entdeckt.

Eine schwere Krankheit, die eventuell von seinem ausschweifenden Leben herrührte, zwang ihn zur Rückkehr ins Elternhaus.

Von September 1768 bis März 1770 lebte er in Frankfurt und machte die Bekanntschaft von Menschen, die für seine Ausbildung zum Künstler sehr wichtig waren. Goethes Empfindsamkeit wurde geprägt, das Interesse an den Naturwissenschaften erwachte. Die Ich-Entwicklung war beträchtlich, sodass er im April 1770 sein Studium in Straßburg fortsetzen konnte und relativ schnell im August 1771 beendete. Für Goethes Fortkommen waren in dieser Zeit vor allem die Bekanntschaften mit mehreren Schriftstellern bedeutsam, insbesondere mit Johann Gottfried Herder, sowie die Liebe zu Friederike Brion aus Sesenheim in der Nähe von Straßburg. Goethe widmete ihr eine Reihe von Gedichten, wie *Willkommen und Abschied* und *Maifest*, die einen neuen Ton in der deutschen Lyrik begründeten: Die erlebte Liebe wurde schwungvoll, einfühlsam und – bei aller Kunstfertigkeit – natürlich-leicht dargestellt. Die beiden Gedichte gelten heute noch als Epoche machende Lyrik.

Nach Frankfurt zurückgekehrt, begann er eine Laufbahn als Rechtsanwalt, interessierte sich aber in zunehmendem Maße für Literatur. Einige Prozesse führte sogar der Vater für seinen Sohn. Goethe schrieb derweil sein erstes Drama *Götz von Berlichingen*.

Goethes Geburtshaus (Mitte, mit Fachwerk) in Frankfurt am Main

Im Jahr 1772 ging er nach Wetzlar ans Reichskammergericht, lernte dort Charlotte Buff und ihren Verlobten Johann Christian Kestner kennen und erneuerte die Bekanntschaft mit dem Juristen Carl Wilhelm Jerusalem. Goethe verliebte sich in Charlotte. Als er nach mehreren Monaten merkte, dass die Beziehung keine Zukunft haben würde, nahm er Abschied und kehrte nach Frankfurt zurück. Später erfuhr er von dem Schicksal Jerusalems, der einer unglücklichen Liebe wegen Selbstmord begangen hatte.

Aus seinen und Jerusalems Erlebnissen in Wetzlar entstand der Briefroman *Die Leiden des jungen Werther,* der Goethe sofort berühmt machte.

Von 1773 bis 1775 arbeitete Goethe offiziell als Rechtsanwalt, schrieb aber in der Hauptsache und unternahm Reisen. Der *Urfaust* entstand, ebenso die Hymnen *Prometheus* und *Mahomet.*

Im April 1775 verlobte er sich mit der schönen und geistvollen Bankierstochter Lili Schönemann, die er herzlich liebte. Doch die Lebensumstände der Familie waren von den Lebensvorstellungen des jungen Künstlers weit entfernt, sodass Goethe von Anfang an unsicher war, ob die Verbindung glücklich werden würde. Nach einer Reise in die Schweiz, bei der das Gedicht *Auf dem See* entstand, das die Liebe zu Lili thematisiert, löste er die Verlobung.

Lili Schönemann

Im Dezember 1774 hatte Goethe den jungen Carl August, den späteren Herzog von Weimar, kennen gelernt. Dieser – kaum regierender Herzog geworden – lud ihn nach Weimar ein.

Charlotte von Stein

Im November 1775 traf Goethe in Weimar ein und beschloss, dort zu bleiben. Er wollte die „Weltrolle" spielen, wie er selbst sagte, d. h. in einem Machtzentrum die Verantwortung übernehmen. Außerdem faszinierte ihn eine Frau: die sieben Jahre ältere Charlotte von Stein, die seine Seelenfreundin wurde und großen Einfluss auf ihn hatte. In täglichen Gesprächen und einer Vielzahl von Briefen erfolgte ein reger Gedankenaustausch, der Goethe prägte. Die Figur der Iphigenie im gleichnamigen Theaterstück von 1787 wird als ihr literarisches Denkmal angesehen.

Goethe übernahm vielfältige Verwaltungsaufgaben in Weimar, zunächst als Geheimer Legationsrat, später als Geheimer Rat und Minister. Er war u. a. verantwortlich für den Wegebau und das Heer – aus Kostengründen halbierte er die Zahl der Soldaten. Eine besonders schwere Aufgabe wurde ihm mit der Leitung der Bergbaukommission übertragen. In Ilmenau sollte er das Silberbergwerk wieder eröffnen, was ihm auch gelang.

Die umfassenden Lebenserfahrungen – Goethe wollte nie nur Schriftsteller sein, sondern das Leben in seiner Totalität erkennen – führten u. a. zu den heute noch berühmten Gedichten.

Im Jahre 1782 wurde Goethe vom Kaiser geadelt. Er freute sich über den Adelstitel, weil es ihn im Umgang mit den Regierenden an anderen Höfen ebenbürtig machte.

Obwohl ihn neue Bereiche, wie die Botanik, fesselten, fühlte er sich 1786 aufgrund der vielen Tätigkeiten ausgelaugt, zumal er als Künstler in einer Schaffenskrise steckte. Hinzu kam das distanzierte Liebesverhältnis zu Charlotte von Stein. Schließlich floh er im September 1786 heimlich nach Italien, wo er eine menschliche und künstlerische Wiedergeburt erlebte.

In Italien gelang der Abschluss begonnener Werke wie *Iphigenie auf Tauris, Egmont* und *Torquato Tasso.* Die Betrachtung der Gebäude und Statuen aus Antike, Mittelalter und Renaissance inspirierte Goethe, selbst in der bildenden Kunst tätig zu werden. Er begann intensiv zu zeichnen und zu malen.

Im Juni 1788 kehrte Goethe nach Weimar zurück, wo er bald die Bekanntschaft mit Christiane Vulpius machte. Ein langes und zärtliches Liebesverhältnis begann. 18 Jahre lang lebte der berühmte Schriftsteller in wilder Ehe mit dem einfachen Mädchen, was in Weimar zu einem Skandal führte, vor allem, als im Dezember 1789 Sohn August geboren wurde. Erst im Oktober 1806 heirateten Christiane und Goethe offiziell. Diese Liebe bedeutete das Ende der Freundschaft mit Charlotte von Stein.

Die Jahre ab 1789 waren durch die Französische Revolution und die sich anschließenden Kriege geprägt. Trotz der unruhigen Zeiten setzte Goethe seine schriftstellerischen Arbeiten fort. Er wurde Leiter des Theaters, Bibliotheksdirektor und erhielt die wissenschaftliche Oberaufsicht über die Universität Jena.

Zwei Männer waren in den Jahren 1776 bis 1805 von großer Bedeutung für Goethe: Johann Gottfried Herder und Friedrich Schiller. Die Bekanntschaft mit Herder stammte aus der Studienzeit in Straßburg. Herder war ein wichtiger Gesprächs- und Briefpartner, der Goethes Werk anregte und kritisch begleitete.

Von noch größerer Bedeutung war die Freundschaft mit Schiller, die 1794 begann und ungewöhnlich fruchtbar war. Schiller hat große Verdienste um die Fertigstellung des ersten Teils des *Faust* erworben. Er drängte Goethe zur Arbeit und gab wichtige Anregungen (vgl. dazu STARK-Interpretationshilfe *Faust I)*. Umgekehrt überließ Goethe dem Freund den Stoff zum *Wilhelm Tell*, weil dieser der bessere Dramatiker war. Im Theater inszenierte Goethe u.a. Schillers *Wallenstein*. Im Wetteifer schrieben die beiden Freunde 1797 zahlreiche Balladen und überarbeiteten sie mithilfe des anderen. Mit Schillers Tod 1805 endete diese produktive Zweisamkeit.

In den folgenden Jahren begann und vollendete Goethe wichtige Werke, z. B. den Roman *Die Wahlverwandtschaften* (1809). Er setzte den großen Bildungsroman *Wilhelm Meister* fort, arbeitete am zweiten Teil des *Faust* und begann seine Autobiografie *Dichtung und Wahrheit*.

1828 war der Herzog verstorben, der Sohn August 1830. Um Goethe war es einsam geworden. Guten Kontakt hatte Goethe zur Schwiegertochter Ottilie, die nach Christianes Tod (1816) und der Heirat mit August 1817 dem Haushalt vorstand, und zu seinen drei Enkelkindern Walther, Wolfgang und Alma. Am 22. März 1832 starb Goethe nach kurzer Krankheit.

Interpretation der Gedichte

Die zwölf hier interpretierten Gedichte werden alle nach derselben **Struktur** gedeutet. Zu Beginn stehen kurze Hinweise auf **Entstehung und Thematik**. Die Untersuchung des **Aufbaus** klärt auch den genauen **Inhalt**. Im Zentrum steht die Analyse der **Sprache** und der **Form**, wie sie beispielsweise in Klausuren verlangt wird. Unter dem Aspekt der **Intention** wird die Deutung schließlich zusammengeführt.

1 Willkommen und Abschied – Freuden und Schmerzen der Liebe

Willkommen und Abschied

Es schlug mein Herz, geschwind zu Pferde!
Es war getan fast eh gedacht.
Der Abend wiegte schon die Erde,
Und an den Bergen hing die Nacht;
Schon stand im Nebelkleid die Eiche,
Ein aufgetürmter Riese, da,
Wo Finsternis aus dem Gesträuche
Mit hundert schwarzen Augen sah.

Der Mond von einem Wolkenhügel
Sah kläglich aus dem Duft hervor,
Die Winde schwangen leise Flügel,
Umsausten schauerlich mein Ohr;
Die Nacht schuf tausend Ungeheuer,
Doch frisch und fröhlich war mein Mut:
In meinen Adern welches Feuer!
In meinem Herzen welche Glut!

Friederike Brion

Dich sah ich, und die milde Freude
Floß von dem süßen Blick auf mich;
Ganz war mein Herz an deiner Seite
Und jeder Atemzug für dich.
Ein rosenfarbnes Frühlingswetter
Umgab das liebliche Gesicht,
Und Zärtlichkeit für mich – ihr Götter!
Ich hofft' es, ich verdient' es nicht!

Doch ach, schon mit der Morgensonne
Verengt der Abschied mir das Herz:
In deinen Küssen welche Wonne!
In deinem Auge welcher Schmerz!
Ich ging, du standst und sahst zur Erden
Und sahst mir nach mit nassem Blick:
Und doch, welch Glück, geliebt zu werden!
Und lieben, Götter, welch ein Glück!

(1771, diese Fassung 1789)

Entstehung und Thematik

Das vierstrophige Gedicht ist einer der bekanntesten Texte Goethes aus dem Sturm und Drang, der Epoche der deutschen Literatur, die durch Empfindsamkeit und Aufbegehren gekennzeichnet ist. Er stellt das Überwältigende und gleichzeitig das Kraft Spendende, die **Schmerzen** und die **Freuden der Liebe** dar, die im **unendlichen Glück** gipfeln.

Die erste Fassung des Gedichts ist 1771 entstanden. Goethe studierte von April 1770 bis August 1771 in Straßburg. Im Oktober 1770 lernte er die Pfarrerstochter Friederike Brion in Sesenheim kennen und verliebte sich in sie. Dort, in vielen Briefen und Gedichten, brachte er seine Liebe zu ihr zu Papier. Ein neuer Stil in der deutschen Lyrik wurde von Goethe gefunden. Der Ausdruck ist persönlicher, individueller, glühender und gefühlvoller als in den Gedichten bisheriger Schriftsteller. Die damals entstandenen Texte werden zur „Sesenheimer Lyrik" gezählt. Auch *Maifest* gehört dazu.

Aufbau

Die Verse 1 und 2 der ersten Strophe stellen die Liebessehnsucht des Sprechers und seinen Entschluss dar, zur Geliebten aufzubrechen. Die Beschreibung des Ritts drückt die erlebte Natursicht aus (V. 3–13). Die Umgebung erschwert den Weg zu der Geliebten und wird als Hindernis erfahren.

Das Ende der zweiten Strophe fasst die Vorfreude zusammen (V. 14–16). Die empfundene Bedrohung steigert die Liebe.

In der dritten Strophe werden die Ankunft und die beiderseitige zärtliche Liebe beschrieben. Der Sprecher ist fast überwältigt von seinen Gefühlen.

Strophe 4 beschreibt zunächst den Abschied (V. 25–30), der trotz der Freuden schmerzensreich ist. In den Versen 31/32 wird ein Resümee gezogen: Lieben und Geliebt-Werden bereiten trotz der Schmerzen das höchste Glück.

Sprache und Form

Schon der Titel *Willkommen und Abschied* kündigt eine Gegensätzlichkeit, eine Polarität oder Ambivalenz an, die im Gedicht in vielen Gegensatzpaaren fortgeführt werden. Zwischen Denken und Tun (V. 2) wird noch eine Einheit hergestellt. Doch der dunkle Abend (V. 3–13) mit einer schauerlichen Natur und vielen dunklen Lauten zur sinnlichen Untermalung der Atmosphäre steht einer Morgensonne (V. 25) und einem rosenfarbenen Frühlingswetter (V. 21) gegenüber, die durch helle Laute sprachlich unterstrichen werden.

Dem dynamischen Schlagen des Herzens (V. 1) beim lyrischen Ich, dem Feuer in seinen Adern (V. 15) und der Glut in seinem Herzen (V. 16), die sich in einem geschwinden Aufbruch (V. 1) und vermutlich in einem schnellen Ritt auswirken, steht das zunächst Statische der Natur entgegen: „stand im Nebelkleid die Eiche" (V. 5). Sie wird als aufgetürmtes Hindernis mit einem Riesen verglichen (V. 6). Im weiteren Verlauf wird der Widerstand der Natur aktiver: „Die Winde schwangen leise Flügel,/ Umsausten schauerlich mein Ohr." (V. 11 f.) Ein Gegensatz kann in dieser Beschreibung sogar zwischen „leise" und „schauerlich" gesehen werden. Das folgende „Doch" (V. 16) mit der Betonung des frischen und fröhlichen Sinns des lyrischen Ich verstärkt die Polarität zwischen Natur und innerem Gefühl des Sprechers deutlich.

Während die dritte Strophe, die die Ankunft darstellt und den Aufenthalt andeutet, fast frei von Kontrasten ist (Ausnahme: hoffen – nicht verdienen, V. 24), bietet die vierte Strophe zahlreiche Gegensätze und Ambivalenzen. Das die Strophe einleitende „Doch" verdeutlicht dieses Prinzip durch seine exponierte Stellung. Die Reimwörter „Herz" (V. 26) und „Schmerz" (V. 28) unterstreichen die widersprüchlichen Gefühle trotz der erfahrenen Wonnen beim Küssen. Die Aktivität des Sprechers steht der Passivität der Geliebten entgegen: „Ich ging, du standst"(V. 29). Trotz der Tränen wird das Glück beschworen. Das Hochgefühl des Glücks stellt sich scheinbar erst ein, wenn der Schmerz und die Trauer über die Kurzfristigkeit gleichzeitig gefühlt werden.

Beim näheren Hinsehen erkennt man, dass die Gegensätze nur scheinbar paradox sind, vielmehr bedingen sich die Polaritäten. Erst der lange Ritt durch die Natur verstärkt die Vorfreude auf die Ankunft und die Sehnsucht nach der Geliebten. Erst der Schmerz beim Abschied lässt erkennen, wie groß die Liebe ist. Das wechselseitige **Lieben und Geliebt-Werden** auf dem Hintergrund des **kurzzeitigen Zusammenseins** bedeuten die **höchste Form des Glücks**.

Das Gedicht ist durchgehend in vierhebigen Jamben verfasst. In Verbindung mit dem regelmäßigen Kreuzreim und den alternierend männlichen und weiblichen Kadenzen könnte man fast von einer harmonischen Form sprechen, wenn nicht gewisse Dinge für Unruhe sorgten. Die beiden ersten Verse weisen jeweils in der Mitte eine Zäsur auf. Diese Anlage wirkt wie zwei

Herzschläge, sodass inhaltliche Aussage und formale Gestaltung korrespondieren. Der etwas hektische Anfang mit dem anaphorischen „Es" am Anfang der ersten beiden Verse könnte auch als Rhythmus des Reitens gedeutet werden. Die Formulierung „Es schlug" – „Es war" lässt das Übermächtige erkennen. Der Sprecher handelt nicht selbst, sondern „es", die Stärke der Liebe, treibt ihn. In Vers 3 und 5 weist die Wiederholung des „Schon" auf die Schnelligkeit der Vorgänge hin. Die Naturbeschreibung steigert sich weiter in ihrer Bedrohlichkeit: von der Eiche, die als Riese empfunden wird (V. 5 f.), über die „hundert schwarzen Augen" (V. 8) bis zu „tausend Ungeheuer" (V. 13). Die Natur ist in höchstem Maße belebt und wirkt besonders unheimlich aufgrund der Übertreibungen („tausend"). Der Mond, der in anderen Gedichten Goethes als Freund gesehen wird (vgl. *An den Mond)*, wird hier als kraftlos, „kläglich" (V. 10) empfunden.

So belebt und personifiziert die Natur auch ist, sie ist letztlich Projektion des lyrischen Ich, das den Weg durch die Natur zur Liebsten als Hindernis, als Verzögerung auffasst. Mittels zwei Enjambements (V. 7/8 und V. 9/10) wird die Dynamik der Natur unterstrichen, die sich auf dem Weg zum Ziel als Widerstand erweist.

Im Anschluss an die Naturbeschreibung lässt eine formale Unregelmäßigkeit aufmerken. Das einleitende „Doch" in Vers 14 kann metrisch nicht als Senkung gelesen werden. Betrachtet man es als Nebenhebung, so weist es in Verbindung mit der Alliteration „frisch" und „fröhlich" auf etwas Besonderes hin. Wie schon gesagt, will der Sprecher seine **feurige Befindlichkeit** inhaltlich in den **Gegensatz zur Natur** stellen. Durch die formale und sprachliche Besonderheit wird der Stimmungswechsel akzentuiert. Dazu passen die Ausrufe in den Versen 15 und 16: „In meinen Adern welches Feuer! / In meinem Herzen welche Glut!" Die so expressiv formulierten Befindlichkeiten am Ende der ersten beiden Strophen stehen im Zentrum des Gedichts. Typischer kann das **Wesen der Epoche Sturm und Drang** kaum formuliert werden. „Herz", „Feuer" und „Glut" sind Schlüsselwörter dieses Zeitraums. Das Ich mit seiner Begeisterung steht im Mittelpunkt des Gedichts.

Zu Beginn der dritten Strophe fallen die Nebenhebungen am Anfang der Verse 17 und 18 auf: „Dich" und „Floss". Zudem sind beide Verse durch ein Enjambement verbunden. Wichtigstes Wort ist nach der Ich-Feier am Ende der zweiten Strophe das einleitende „Dich". Der chiastische Satzbau (Über-Kreuz-Stellung) „Dich sah ich" – „die milde Freude/Floss... auf mich" macht auf den Wechselprozess des liebenden Blicks aufmerksam. Anders als beim Sprecher sind die Leidenschaften der Geliebten doch gezähmter, weniger wild: „milde Freude" und „süßer Blick" kennzeichnen die Geliebte. Die **Hingabe** ist jedoch vollständig: „Ganz war mein Herz an deiner Seite,/Und jeder Atemzug für dich." Auch hier wird „ganz" wieder betont, indem es eine Nebenhebung ist. Die hellen und freundlichen Laute i, e, eu, ü fallen im Vergleich zu den dunklen und bedrohlich wirkenden a, o, u, ä, au, eu bei der Naturbeschreibung auf.

Eine in dieser Kombination neuartige Wendung „rosenfarbenes Frühlingswetter" (V. 21) lässt eine andere, freundlichere Naturdarstellung erkennen, wodurch die **Liebe** des Sprechers sichtbar wird.

Indem das lyrische Ich am Ende der dritten Strophe sein Glück nur ausrufen kann und die Götter als Zeugen oder vielleicht zum Dank anspricht, drückt es den Zustand des Überwältigtseins aus.

Die vierte Strophe beginnt ebenso mit einer Nebenhebung und verdeutlicht den Gegensatz von Freude und Schmerz. Auffällig ist, dass die Beziehung zur Geliebten vor allem durch das Auge geprägt ist: „sah ich" (V. 17), „Blick" (V. 18), „Gesicht" (V. 22), „Auge" (V. 28), die Wiederholung „sahst" (V. 29 und 30) und „nasser Blick" (V. 30) machen darauf aufmerksam. Andere Sinneserfahrungen wie „Atemzug" (V. 20), „Zärtlichkeit" (V. 23) und „Küssen“ (V. 27) wirken eher zweitrangig im Vergleich mit dem so häufig angesprochenen Sehen. Goethe war ein Augenmensch und die Schönheit des Anblicks war ihm stets das Wichtigste.

Die beiden letzten Verse des Gedichts fassen die Erfahrung zusammen: „Und doch, welch Glück, geliebt zu werden!/Und lieben, Götter, welch ein Glück!“ Der chiastische Satzbau unterstreicht das Feierliche und Sentenzhafte der Feststellung. Die Ausrufe lassen die Bewegung des Sprechers erkennen. Wiederum werden die Götter angerufen, vielleicht nicht nur als Zeugen des Glücks und zum Dank, sondern auch, um die **Vergöttlichung der Liebe** auszusprechen.

Intention

Willkommen und Abschied betont – wie viele andere Gedichte (vgl. *Maifest*) –, dass in der Liebe etwas Göttliches erfahren wird, so wie im Sturm und Drang auch die ganze Natur als Offenbarung des Göttlichen und als einzig erkennbare Gottheit gesehen wird. Der Begriff des **Pantheismus** ist hier anzuwenden. Pantheismus bedeutet, Gott ist überall in der Natur. In der Liebe, dem höchsten Gefühl, wird das Wirken des Göttlichen besonders deutlich empfunden und die Geliebte wird als ein Abbild des Göttlichen gesehen.

2 Maifest – Liebe als Motor der Welt

Maifest

Wie herrlich leuchtet
Mir die Natur!
Wie glänzt die Sonne!
Wie lacht die Flur!

Es dringen Blüten
Aus jedem Zweig
Und tausend Stimmen
Aus dem Gesträuch

Und Freud und Wonne
Aus jeder Brust.
O Erd', o Sonne,
O Glück, o Lust,

O Lieb', o Liebe,
So golden schön
Wie Morgenwolken
Auf jenen Höhn,

Du segnest herrlich
Das frische Feld,
Im Blütendampfe
Die volle Welt!

O Mädchen, Mädchen,
Wie lieb' ich dich!
Wie blinkt dein Auge,
Wie liebst du mich!

So liebt die Lerche
Gesang und Luft,
Und Morgenblumen
Den Himmelsduft,

Wie ich dich liebe
Mit warmen Blut,
Die du mir Jugend
Und Freud' und Mut

Zu neuen Liedern
Und Tänzen gibst.
Sei ewig glücklich,
Wie du mich liebst.

(1771)

Entstehung und Thematik

Das im Mai/Juni 1771 entstandene Gedicht trug zuerst den Titel *Maifest*. Goethe änderte ihn später in *Mailied*. Doch hat sich der ursprüngliche Titel durchgesetzt.

Das Gedicht ist in Aussage und Wirkung leicht verständlich, die große Kunstfertigkeit und die Tiefen der Deutungsmöglichkeiten erschließen sich aber erst nach eingehender Analyse.

Die Feier des Mais und die Begeisterung des Sprechers werden bereits durch den Ausruf „Wie herrlich …" angesprochen. Die ersten beiden Worte leiten bestens in die Thematik des Textes ein. Der Ausruf „Wie" steht für die Begeisterung und „herrlich" macht auf die **Schönheit der Natur** aufmerksam. Vergegenwärtigt man sich, dass die deutsche Endsilbe „-lich" dem englischen „-like" (deutsch: wie) entspricht, wird deutlich, dass „herrlich" eigentlich „wie der Herr" bedeutet. Damit ist der **göttliche Bezug** da. Im Göttlichen wird auch die Liebe thematisiert, denn im weiteren Verlauf des Gedichts zeigt sich die göttliche Funktion der Liebe: „Du segnest herrlich" (V. 17) – wobei das „herrlich" der ersten Strophe in dieser fünften, dem Zentrum des Textes, wieder aufgenommen wird.

Aufbau

So durchdacht wie die Einleitung ist auch der Aufbau des Gedichts. Es lassen sich drei Teile festmachen, die allerdings vielfach miteinander verflochten sind, sodass trotz erkennbarer Struktur eine Einheit, ein Zugleich aller Bereiche entsteht.

In den Strophen 1 bis 3 werden die Schönheit der Natur und das liebende Ineinander alles Existierenden beschrieben, was in den Ausrufen: „O Erd', o Sonne!/O Glück, o Lust" gipfelt.

Die Strophen 4 bis 6 sprechen die Liebe als Abstraktum an. Sie beschreiben ihre segensreiche Wirkung, besonders in Bezug auf das geliebte und liebende Mädchen. In diesen drei mittleren Strophen des neunstrophigen Gedichts ist wiederum die fünfte das Zentrum mit der wesentlichen Aussage, die Liebe habe eine göttliche, schöpferische Bedeutung.

Die Einheit der Strophen 7 bis 9 wird formal dadurch hergestellt, indem es sich um einen einzigen Satz handelt. Durch Vergleiche kommt der **existenzielle Charakter der Liebe** zum Ausdruck. Der Sprecher lässt erkennen, wie die Liebe wesentliche Bereiche des Lebens erschließt („Jugend/Und Freud' und Mut", V. 31 f.) und ihn zu seiner dichterischen Tätigkeit inspiriert. So ist das geliebte Mädchen eine Muse, die erst die Grundlage für dichterische Tätigkeit schafft.

Sprache und Form

Trotz der Gliederung des Gedichts sind die einzelnen Teile kunstvoll miteinander verwoben. Das gilt für die einzelnen Strophen wie für die Strophengruppen. Die im Zentrum des Gedichts stehende Liebe ist dabei die große Bewegungs- und Integrationskraft. Dass dem Sprecher die Natur leuchtet, dass die Sonne glänzt, die Flur personifiziert lacht und dem Menschen ganz nahe ist, bewirkt die Liebe. Das liebende Auge erkennt die **Schönheit des gesamten Kosmos,** die Herrlichkeit der Welt. Die gefühlvolle Hingabe, das natürliche Verlangen stehen auch in der zweiten Strophe hinter den hervordringenden Blüten und dem Singen der Vögel („tausend Stimmen/Aus dem Gesträuch", V. 7 f.). Diese singen, weil es sie zueinander drängt. Im Bereich der pflanzlichen („Blüten/Aus jedem Zweig", V. 5 f.) und der tierischen („tausend Stimmen") Welt kann man zwar nicht von Liebe sprechen, es gibt aber Analogien zum menschlichen Bereich. Wie sie zeigen, ist die menschliche Liebe etwas Natürliches, wenn man die syntaktische Parallele ansieht: „Es dringen Blüten/[...] Stimmen/Und Freud' und Wonne/Aus jeder Brust." (V. 5–10) So wie es aus der Natur hervorkommt, so dringt der Ausdruck der Freude auch aus der menschlichen Brust. Das instinktive „Dringen" im Bereich der Natur erfährt im menschlichen Bereich Bewusstheit. Das Gefühl der Freude und Wonne kann formuliert werden: „O Erd', o Sonne!/O Glück, o Lust!" (V. 11 f.) Die Reihung des hier Angesprochenen führt zu einem gleichwertigen **Nebeneinander des Irdischen, Himmlischen und Menschlichen.** Erde und Sonne bedeuten Glück und Lust, aber nur für das liebende Auge. Was Goethe hier andeutet, formuliert er in den *Zahmen Xenien* (ca. 1821) direkt:

Wär' nicht das Auge sonnenhaft,
Die Sonne könnt' es nie erblicken;
Läg' nicht in uns des Gottes eigene Kraft,
Wie könnt' uns Göttliches entzücken?[1]

Das Auge muss also dem Gesehenen verwandt sein, um Glück empfinden zu können. Es muss eins sein mit dem Betrachteten. Erst dann ist Erkenntnis möglich.

Die zweite Strophengruppe wird mit der ersten dadurch verklammert, dass die Ausrufe in der vierten Strophe fortgesetzt und gleichzeitig gesteigert werden. Formal unterstreicht die Wiederholung „O Lieb', o Liebe" (V. 13) den Höhepunkt der Aussage. „Liebe" wird von der vierten Strophe an insgesamt siebenmal als Nomen oder Verb verwendet. In der fünften Strophe wird das Wort durch „Du" aufgenommen, in den anderen Strophen ist es mindestens einmal vorhanden, sodass man **„Liebe"** und **„lieben"** als die **Schlüsselwörter des Gedichts** bezeichnen darf. Auch durch dieses häufige Vorkommen wird eine Verbindung der Teile erreicht.

Da der Sprecher die Liebe mit den goldenen Morgenwolken auf den Bergen vergleicht, stellt er einerseits einen Zusammenhang, ein Ineinander von Irdischem (Bergen) und Himmlischem (Wolken) her. Dadurch erhöht und vergöttlicht er die Liebe. Gleichzeitig wird durch die Adjektive „golden schön" (V. 14) der Eindruck von etwas Paradiesischem hervorgerufen.

In der fünften Strophe, der Mitte des Gedichts lässt sich die **Vergöttlichung der Liebe** besonders gut erkennen: „Du segnest herrlich" (V. 17). Wenn hier die Liebe wie der Herr segnet, bedeutet dies eine Durchdringung der ganzen Natur von der Liebe. Sie hat eine schöpferische Wirkung. „Die volle Welt" (V. 20) ist gekennzeichnet durch Frische, worin Neuanfang und Erneuerung anklingen. Die Wendung „Im Blütendampfe" (V. 19) ist eine Wortneuschöpfung Goethes. Blüten stehen für Schönheit und Liebe. Dampf entsteht in der Natur am Morgen, wenn die Sonne zu wärmen beginnt. Es ist ersichtlich, wie immer wieder **dieselben Motive** – wenn auch versteckt – auftauchen: **Sonne, Liebe, Aufbruch, Schöpferisches** und damit auch **Göttliches**. Wie oft bei Goethe ist der Schleier des Nebels, der mit „Blütendampfe" angesprochen wird, besonders geeignet, die Dinge wahrzunehmen. Die direkte, klare Darstellung bei hellem Licht könnte blenden.

In der sechsten Strophe wird deutlich, dass es sich nicht nur um eine umfassende Liebe zur „volle[n] Welt" (V. 20) handelt, sondern dass die Liebe einen personalen Bezug hat: Ein Mädchen wird angesprochen. Durch die Wiederholung „O Mädchen, Mädchen" in Verbindung mit den drei folgenden Ausrufen, die jeweils mit der Anapher „Wie" eingeleitet werden, wird das Liebesgefühl intensiviert. Die Verbundenheit zwischen geliebtem und liebendem **Mädchen** und dem ebenso liebenden und geliebten Sprecher unterstreichen die Reimwörter „dich" und „mich". Mit der Parallele zwischen dem Ausruf an das Mädchen „Wie blinkt dein Auge" (V. 23) und der emphatischen (mit Nachdruck gesprochenen) Feststellung in Vers 3 „Wie glänzt die Sonne!" wird sowohl formal als auch inhaltlich eine Beziehung geknüpft. Das oben angeführte Zitat „Wär' nicht das Auge sonnenhaft" macht auf die Beziehung zwischen Auge und Sonne aufmerksam. In der Formulierung „Wie blinkt dein Auge" assoziiert man das in Bezug auf die Sonne ausgesprochene Glänzen. „Blinkt" bedeutet hier „blitzt, leuchtet".[2] Formal ist die Entsprechung in dem identischen Satzbau begründet. Ebenso weist die Verwendung des jeweils dreimaligen, die Verse einleitenden „Wie" auf die Baugleichheit und den wechselseitigen Verweis zwischen erster und sechster Strophe hin. Das „Wie" ist hier als ausrufende Konjunktion anzusehen.

In der letzten Strophengruppe hat das „Wie" dagegen vergleichenden Charakter. Diese Gruppe der Strophen 7 bis 9 wird eingeleitet mit „So liebt die Lerche" (V. 25), fortgesetzt mit „Wie ich dich liebe" (V. 29) und schließt mit „Wie du mich liebst." (V. 36). So werden diese drei Strophen durch den Vergleich zusammengehalten und verbunden. Das lyrische Ich setzt sich mit tierischer und pflanzlicher Natur (vgl. zweite Strophe) in Beziehung. Es unterstreicht durch den Vergleich die existenzielle Bedeutung der Liebe. So wie die Lerche zu ihrer Selbstverwirklichung Luft und Gesang und die Morgenblumen den Himmelsduft benötigen, liebt das lyrische Ich das Mädchen. Hier ist „-duft" eher als Dunst zu verstehen.[3] Der Himmelsdunst ist leicht als Tau zu deuten, mit dessen Hilfe ein Teil der zum Leben benötigten Flüssigkeit aufgenommen wird.

Die achte Strophe ist mit der vorigen und folgenden durch mehrere Enjambements formal verbunden. Die ebenso existenzielle Funktion der Liebe zu dem Mädchen wird deutlich, indem der Sprecher deren inspirierende Wirkung betont. Die neuen Lieder – und hier ist direkt an das Gedicht *Maifest* zu denken – verdanken ihre Entstehung der Liebe zum Mädchen, aber auch der Erhöhung dieser Liebe zum Göttlichen. „Freud' und Mut" (V. 32) müssen in einem umfassenderen Sinn verstanden werden als in heutiger Sprache üblich. „Freude" ist durchaus als Lebensfreude, aber auch als Motivation zu interpretieren, während „Mut" so etwas wie Geist, Sinn oder Kraft bedeuten kann.[4] Die beiden Schlussverse lassen nochmals den Wechselprozess erkennen, den Goethe in *Ganymed* mit „umfangend umfangen!" beschreibt. Hier weist das „Sei ewig glücklich,/Wie du mich liebst!" (V. 35f.) darauf hin, dass das geliebte Mädchen in dem Maße Glück erfährt, wie es den Sprecher liebt. Es ist nicht glücklich durch das Geliebt-Werden, sondern durch das eigene Lieben. Diese Schlussaufforderung ist als allgemein gültig anzusehen. Das Adjektiv „ewig" passt sehr gut zu dem übrigen religiösen Wortschatz: „herrlich", „segnen", „Himmel". Es lässt hier am Ende des Gedichts nochmals an den göttlichen Charakter und die **göttliche Funktion der Liebe** denken, auch daran, dass die Liebe in allem Existierenden von Bedeutung und damit ewig ist.[5]

Aufgrund der Wortstellung wird in der achten und neunten Strophe das Zusammentreffen der Liebenden und der Wechselprozess der Liebe angedeutet: „ich dich" (V. 29) und „du mich" (V. 36).

Zur formalen Gestaltung des Gedichts ist noch anzumerken, dass die in der Regel jambischen, zweihebigen Verse als Kurzzeilen das Jubeln des Sprechers unterstützen. Da sich mit Ausnahme der dritten Strophe nur jeweils die zweiten und vierten Verse reimen, behält das Gedicht eine gewisse Leichtigkeit. Gleichzeitig vermitteln die zwölf Enjambements – bei 18 Doppelversen eine ungewöhnlich hohe Zahl – einen dynamischen Eindruck, der das „Dringen" in der Natur und das Durchdrungensein des liebenden und geliebten Sprechers verdeutlicht.

Die Kadenzen sind abwechselnd weiblich (die ungeraden Verszahlen) und männlich. Durch dieses Alternieren wird nochmals auf die Verflechtung aller Themen hingewiesen.

Intention

Das Gedicht ist scheinbar einfach, aber künstlerisch sehr durchgeformt. Dieser im Zusammenhang mit der Liebe zu Friederike Brion entstandene und an sie gerichtete Text ist „Goethes erstes ganz großes Gedicht".[6]

Die Überhöhung und **Vergöttlichung der Liebe** ist nichts Neues in der Literatur[7], wird aber hier in einer äußerst gelungenen Art und Weise praktiziert.

3 Mahomets-Gesang – Verherrlichung des Genies

Mahomets-Gesang

Joseph Anton Koch:
Der Schmadribachfall

Seht den Felsenquell
Freudehell,
Wie ein Sternenblick!
Über Wolken
Nährten seine Jugend
Gute Geister
Zwischen Klippen im Gebüsch.

Jünglingfrisch
Tanzt er aus der Wolke
Auf die Marmorfelsen nieder,
Jauchzet wieder
Nach dem Himmel.

Durch die Gipfelgänge
Jagt er bunten Kieseln nach,
Und mit frühem Führertritt
Reißt er seine Bruderquellen
Mit sich fort.

Drunten werden in dem Tal
Unter seinem Fußtritt Blumen,
Und die Wiese
Lebt von seinem Hauch.

Doch ihn hält kein Schattental,
Keine Blumen,
Die ihm seine Knie' umschlingen,
Ihm mit Liebesaugen schmeicheln;
Nach der Ebne dringt sein Lauf,
Schlangewandelnd.

Bäche schmiegen
Sich gesellig an.
Nun tritt er
In die Ebne silberprangend,
Und die Ebne prangt mit ihm,
Und die Flüsse von der Ebne
Und die Bäche von Gebürgen

Jauchzen ihm und rufen: Bruder,
Bruder, nimm die Brüder mit,
Mit zu deinem alten Vater,
Zu dem ew'gen Ozean,
Der mit weitverbreit'ten Armen
Unsrer wartet;
Die sich, ach, vergebens öffnen,
Seine Sehnenden zu fassen;
Denn uns frißt in öder Wüste
Gier'ger Sand,
Die Sonne droben
Saugt an unserm Blut,
Ein Hügel
Hemmet uns zum Teiche.
Bruder,
Nimm die Brüder von der Ebne,
Nimm die Brüder von Gebürgen
Mit, zu deinem Vater mit!

Kommt ihr alle! –
Und nun schwillt er
Herrlicher, ein ganz Geschlechte
Trägt den Fürsten hoch empor,
Und im rollenden Triumphe
Gibt er Ländern Namen, Städte
Werden unter seinem Fuß.

Unaufhaltsam rauscht er über,
Läßt der Türne Flammengipfel,
Marmorhäuser, eine Schöpfung
Seiner Fülle, hinter sich.

Zedernhäuser trägt der Atlas
Auf den Riesenschultern, sausend
Wehen über seinem Haupte
Tausend Segel auf zum Himmel
Seine Macht und Herrlichkeit.

Und so trägt er seine Brüder,
Seine Schätze, seine Kinder
Dem erwartenden Erzeuger
Freudebrausend an das Herz.
(1774)

Entstehung und Thematik

Das Gedicht zählt zu den großen Hymnen Goethes aus der Sturm-und-Drang-Zeit. Es entstand in den Jahren 1772/73 im Zusammenhang mit einem geplanten, aber nur in Teilen ausgeführten Drama über Mohammed (arabisch: der Gepriesene), den Begründer des Islam (ca. 570–632 n. Chr.). Mahomet ist die zu Goethes Zeit gebräuchliche Form für Mohammed.

Da das Gedicht zunächst Teil eines Dramas sein sollte, war es in Dialogen angelegt. In dieser Version wird es heute in den Goethe-Ausgaben unter dem Titel *Gesang* veröffentlicht. Der Titel der hier vorliegenden monologischen Hymne wird mit Bindestrich geschrieben und bedeutet etwa: Gesang auf Mahomet.

Goethe war während seines Studiums in Straßburg durch den fünf Jahre älteren Theologen, Philosophen und Literaten Herder auf den Begründer des Islam aufmerksam geworden. Er beschäftigte sich mit der islamischen Kultur und las die durch Mohammed formulierte heilige Schrift des Islam, den Koran.

Mohammed galt zu Goethes Zeit in christlichen Gegenden als Betrüger und falscher Prophet. Ein solcher war in der Apokalypse des Johannes als Vorankündigung des Weltuntergangs dargestellt worden. Angesichts dieses Hintergrunds liegt natürlich die Frage nahe, warum sich Goethe mit seiner Person befasst und in einer Hymne seine **Bewunderung für das Leben und Wirken des Propheten** offenbart hat.

Aufbau

Das Gedicht umfasst 72 Verse in zehn Strophen. Die Länge der Strophen schwankt zwischen vier und 25 Versen. Das Metrum ist sehr unregelmäßig. Es überwiegen zwar Trochäen, doch sollte man von **freien Rhythmen** sprechen. Diese Unregelmäßigkeit weist darauf hin, wie bewegt und begeistert der Sprecher angesichts des genialen Wirkens und großen Lebens des Religionsstifters ist.

Wie bei einer Parabel kann man in einen Bildteil und einen Sachteil, der die Deutung enthält, differenzieren. Der Bildteil stellt den **Kreislauf des Wassers** dar.

In der ersten und zweiten Strophe wird eine Quelle in den Bergen beschrieben. Sie wird vom Kreislauf des Wassers genährt: Das Meerwasser, letztlich gespeist von Quellflüssen, verdunstet. Aus den entstandenen „Wolken“ (V. 4) fällt Regen, der wiederum die Quelle nährt.

In der dritten Strophe ist die Quelle sehr stark und entwickelt sich zum kräftigen und andere Quellströme mitreißenden Gebirgsbach.

Die vierte Strophe beschreibt, wie der Gebirgsbach zum Fluss wird und wie er mit seinem Wasser das Entstehen von Pflanzen im Tal bewirkt.

In der fünften und sechsten Strophe fließt das Wasser, seiner Kreislaufbestimmung entsprechend, weiter, bis es in der Ebene zum Strom wird, mit dem sich andere Flüsse vereinen bzw. der andere Gewässer aufnimmt, die allein ohne Bestand wären.

Die siebte und achte Strophe stellen dar, dass der immer größer werdende Strom Ländern seinen Namen gibt und Städte an seinen Ufern gegründet werden. Die wirtschaftliche und kulturelle Bedeutung des Flusses und seiner Umgebung steigt.

In der neunten und zehnten Strophe wird der von vielen Schiffen befahrene Strom immer mächtiger und herrlicher und mündet schließlich in den Ozean.

Dieser Bildteil kann durch Analyse von Sprache und Form anschaulich auf den deutenden Sachteil bezogen werden.

Sprache und Form

Dass es sich bei der Beschreibung des Wasserlaufs um eine metaphorische Darstellung handelt, ist schnell erkennbar: „Seht den Felsenquell/Freudehell“ (V. 1/2). Durch den Hinweis auf die Freude wird die Personifizierung ganz deutlich. Der Endreim, die

F-Alliteration und der gleiche Rhythmus der beiden Wörter verweisen auf die enge Verbindung zwischen Quelle und Freude.

Weitere Personifizierungen unterstützen die metaphorische Darstellung des Flusses als die eines Menschen: „Jünglingfrisch" (V. 8), „Jauchzet" (V. 11), „Bruderquellen" (V. 16), „Fußtritt" (V. 19), „Liebesaugen" (V. 25) etc.

Die ersten Verse der Hymne lassen einerseits das Auserwähltsein („Über Wolken/Nährten seine Jugend/Gute Geister", V. 4–6), andererseits das Sich-Auserwählt-Fühlen und das Bewusstsein, etwas Besonderes zu sein, erkennen, denn es heißt: „... mit frühem Führertritt/Reißt er seine Bruderquellen/Mit sich fort." (V. 15–17) Der Wille zum Führen und die höhere Bestimmung werden in vielen Einzelheiten deutlich. Der die Quelle nährende Regen geht auf „Marmorfelsen" (V. 10) nieder. Die prächtige Umgebung korrespondiert mit der fürstlichen Bestimmung, Führer der Menschen zu sein: „Bäche schmiegen/ Sich gesellig an." (V. 28 f.) Sie rufen dem Auserwählten zu: „Bruder,/ Bruder, nimm die Brüder mit" (V. 36), denn sie sind in Gefahr zu scheitern, indem sie ausdörren (vgl. V. 43 f.) oder auf Hindernisse stoßen (vgl. V. 47 f.).

Der um Hilfe Gebetene antwortet: „Kommt ihr alle!" (V. 53) Hier wird der Gesang auf Mahomet unterbrochen. Er selbst kommt zur Sprache, was das Besondere, seine Führungsrolle, unterstreicht. Im Folgenden zeigt sich das **herrliche, triumphale Leben des Auserwählten,** der an seine Bestimmung glaubt. Er wird als Fürst gesehen (vgl. V. 56), der Ländern seinen Namen gibt und der die Gründung von Städten und Reichtum bewirkt (vgl. V. 58 f.). Es entstehen längs des Flusslaufes Türme (vgl. V. 61) als Zeichen weltlicher und religiöser Macht (Kirchen, Schlösser) und „Marmorhäuser" (V. 62) als Symbole für Reichtum.

Die neunte Strophe drückt die Kraft des Stroms aus. Er trägt „Zedernhäuser" (V. 64), d. h. aus Zedernholz gefertigte Schiffe, und das zu tausenden („Tausend Segel", V. 67). Indem er mit dem Atlas verglichen wird, der nach der griechischen Mythologie die Weltkugel trägt, wird seine Macht noch unterstrichen.

In der zehnten Strophe, im letzten Vers, wird die Freude wieder angesprochen („Freudebrausend“, V. 72) und damit ein Bogen zum Anfang, zur Jugend, geschlagen. Die erkannte Bestimmung und Aufgabe wird nicht nur wie eine Pflicht übernommen, sondern mit Freude angenommen. „Freudebrausend“ stellt im Vergleich zu „Freudehell“ sogar eine Steigerung dar. Der so auftretende Führer ist sehr erfolgreich, zumal er diejenigen, die sich ihm anvertraut haben, besonders beachtet. Er bezeichnet sie als seine Brüder, aber auch als „Schätze“ und „Kinder“ (V. 70).

Der die Hymne eröffnende Imperativ „Seht“ (V. 1) wirkt wie ein Fanfarenstoß. Der Sprecher möchte auf das Besondere, Großartige des Dargestellten aufmerksam machen: Einerseits auf die zur Größe bestimmte Quelle, andererseits auf die besondere Jugend und Genialität Mahomets.

Der Vergleich „Wie ein Sternenblick!“ (V. 3) lässt den Bezug zum Überirdischen erkennen („Gute Geister“, V. 6). Die Sterne stehen für das Ganze, die Gesetzmäßigkeit der Schöpfung und damit für das **Göttliche**.

Goethe sieht in der Natur und ihren Gesetzmäßigkeiten das Göttliche. Es handelt sich um eine **pantheistische Weltsicht** (Pantheismus: Gott ist überall in der Natur). Da Mahomet sich seiner Bestimmung, Verkünder und Beispiel für das Göttliche, vielleicht sogar Inkarnation des Göttlichen zu sein, bewusst ist, will er trotz des irdischen Erfolgs zu seinem göttlichen Ursprung zurück: „Jauchzet wieder/Nach dem Himmel.“ (V. 11 f.) Er will zum Erzeuger – auf der Bildebene: zum Ozean – zurück (vgl. V. 71). Interessant sind die zwei Präsenspartizipien: „erwartenden“ (V. 71) und „Freudebrausend“ (V. 72). Sie drücken das Unaufhörliche, Unabgeschlossene des göttlichen Erwartens und die freudig-dynamische Erfülltheit über die Bestimmung aus, das Göttliche auf Erden verkündigen zu dürfen.

Die Dynamik des Religionsstifters wird an den Aktivität ausdrückenden Verben in dieser Hymne besonders sichtbar: „Tanzt ... nieder“ (V. 8–10), „Jauchzet“ (V. 11), „Jagt ... nach“ (V. 14), „Reißt ... fort“ (V. 16 f.), „dringt“ (V. 26), „schwillt“ (V. 54), „rauscht ... über“(V. 60). Das Verb „trägt“ wird in der neunten und zehnten Strophe sogar zweimal verwendet, um die „Macht und Herrlichkeit“ (V. 68) auszudrücken. Er „trägt“ einerseits besondere Lasten, andererseits „seine Brüder, / Seine Schätze, seine Kinder“ (V. 69 f.), dem Göttlichen entgegen, d. h. durch sein geniales Wesen werden sie mit dem Göttlichen bekannt.

„Herz“, das letzte Wort des Gedichts, ist ein **Schlüsselwort des Sturm und Drang**. Die Mitmenschen werden zum göttlichen Herzen getragen, letztlich zu ihrem eigenen. Das Herz ist die Institution, durch die die Welt aufgenommen wird. Das Herz ist aber auch Sitz des Göttlichen. Ferner ist es ein Zeichen für Empfindsamkeit sowie für Gefühle, die durchaus bewusst sind und damit eine rationale Komponente haben.

Das **Schöpferische** der Wirkung Mahomets wird einerseits in der Natur aufgezeigt: „Drunten werden in dem Tal / Unter seinem Fußtritt Blumen, / Und die Wiese / Lebt von seinem Hauch.“ (V. 18–21) Hier werden zwei Verben verwandt, die das Schöpferische in besonderem Maße ausdrücken: „werden“ und „leben“. Die beiden Enjambements zwischen den Versen 18/19 und 20/21 unterstützen die Wirkung der Dynamik. Andererseits wird das Schöpferische auch im kulturellen und wirtschaftlichen Bereich angesprochen. Er (Fluss/Mahomet) lässt Länder und Städte entstehen – wieder wird das Verb „werden“ benutzt –, die sich durch besonders prächtige Gebäude („Türne“, V. 61, „Marmorhäuser“, V. 62) und durch Reichtum auszeichnen („Schöpfung / Seiner Fülle“ (V. 62 f.). Der Hinweis auf „Macht und Herrlichkeit“ (V. 68) und die Bezeichnung „Fürsten“ (V. 56), welcher „im rollenden Triumphe“ wirksam ist, fassen die Neues und Leben stiftenden Eigenschaften zusammen.

Die Hymne wird von einem lyrischen Ich gesprochen, dessen **Begeisterung** auch in der Form sichtbar ist. Sind die ersten Verse und Strophen noch sehr ungleichmäßig – sie entsprechen dem munteren und lebendigen Lauf einer jungen Quelle oder eines Gebirgsbachs –, so erscheinen Form und Rhythmus allmählich ruhiger und sogar feierlich, wie auch der größere Fluss gleichmäßig und prächtig dahinfließt.

Der Sprecher wird im Mittelteil von einer Dialogwiedergabe unterbrochen. Die Brüder sprechen den Fluss bzw. Mahomet an, da die anderen Flüsse bzw. Menschen für ihr Fortkommen Hilfe benötigen: „Bruder,/Bruder, nimm die Brüder mit,/Mit zu deinem alten Vater" (V. 35–37). „Bruder" und „mit" werden hier durch Wiederholung betont. Dieselbe intensive und eindringliche Bitte wird nochmals ausgesprochen, indem die Wortwahl wieder verwandt wird: „Bruder,/Nimm die Brüder von der Ebne,/Nimm die Brüder von Gebürgen/Mit, zu deinem Vater mit!" (V. 50–52) Wieder wird „Bruder/Brüder" und „mit" durch die Wiederholung hervorgehoben. Besonders drängend wirkt die Anapher „Nimm" (V. 50 und 51). Auf die Gemeinschaft wird hingewiesen durch die Pronomen „dein", „uns", „unser", aber auch dadurch, dass sich die Brüder als „Sehnende" (V. 42) verstehen, die dasselbe Ziel wie Mahomet haben, aber nicht dessen Zielgewissheit, Durchsetzungsvermögen und Unbeirrbarkeit. Mahomet lässt sich nicht von seinem Weg abhalten („ihn hält kein Schattental", V. 22) und nicht von der Liebe verführen („Die ihm seine Knie' umschlingen,/Ihm mit Liebesaugen schmeicheln", V. 24 f.), sondern er setzt „unaufhaltsam" (V. 60) seinen Weg fort. Damit macht sich Mahomet zum **Führer** (vgl. „Führertritt", V. 15) und Wegbereiter derer, die ihn anerkennen wollen und mit ihm geistesverwandt sind. Er antwortet ihnen im Dialog: „Kommt ihr alle!" (V. 53) Diese Formulierung ist ähnlich Christi Worten im Neuen Testament: „Kommt alle, die ihr mühselig und beladen seid." (Mt 11,28)

Intention

Die aufgezeigte Anspielung ist nicht zufällig. Der Islam basiert auf der christlichen Lehre. Jesus wird vom Islam als Prophet angesehen, sodass der islamische Religionsstifter christliches Gedankengut übernehmen und in seine Religion integrieren kann.

Die Wendung „Macht und Herrlichkeit“ (V. 68) erinnert an das *Vaterunser.* Manche Interpreten sehen darin Blasphemie (Gotteslästerung)[8]. Doch Mohammed wird auch mit dem Titanen Atlas aus der griechischen Göttermythologie verglichen (vgl. V. 64), ohne dass dieser als Träger der Weltkugel infrage gestellt werden soll. In diesen Anspielungen und Vergleichen, in dem Zusammenfügen von Griechischem, Christlichem und Islamischem wird vielmehr die besondere Stellung Mohammeds ausgedrückt, seine schöpferische Genialität, die Altes und Neues, Natur und Kultur verbindet, so wie der „Stein des guten Glücks“ (vgl. *Interpretationshilfe,* S. 1 f.) alle Aspekte vereint. In seiner Vollkommenheit repräsentiert Mahomet das **Göttliche im Irdischen**. Es geht nicht um eine Wendung gegen das Überirdische und damit um Blasphemie, sondern um ein Akzeptieren des Auserwähltseins, auch der göttlichen Züge.

Das Göttliche, der „Vater“ (V. 52) und „Erzeuger“, wird nicht nur anerkannt, es ist sogar eine Sehnsucht nach ihm vorhanden. Derer bedarf das Genie, um ein Ziel vor Augen zu haben. Die Verwirklichung, die schöpferische Wirkung ist aber ganz auf das Irdische bezogen. Das Genie ist ein „Fürst“ der Welt und seine „Macht und Herrlichkeit“ sind Abbild des göttlichen Wesens.

Warum hat Goethe die **Wassermetaphorik** für die Beschreibung des genialen Menschen gewählt? Diese Bildlichkeit wurde im Sturm und Drang häufig verwandt[9], um so den „Strom des Geistes“ und die **Macht des Genies** darzustellen. Außerdem bedeutet Wasser: Leben, Bewegung, Reinheit und Unaufhaltsamkeit. Das Element veranschaulicht das selbstbewusste und zielgerichtete Wesen des schöpferischen Menschen.

4 Prometheus – Ich-Feier

Handzeichnung Goethes: *Prometheus erwehrt sich des Adlers*

Prometheus

Bedecke deinen Himmel, Zeus,
Mit Wolkendunst!
Und übe, Knaben gleich,
Der Diesteln köpft,
An Eichen dich und Bergeshöhn!
Mußt mir meine Erde
Doch lassen stehn,
Und meine Hütte,
Die du nicht gebaut,
Und meinen Herd,
Um dessen Glut
Du mich beneidest.

Ich kenne nichts Ärmer's
Unter der Sonn' als euch Götter.
Ihr nähret kümmerlich
Von Opfersteuern
Und Gebetshauch
Eure Majestät
Und darbtet, wären
Nicht Kinder und Bettler
Hoffnungsvolle Toren.

Da ich ein Kind war,
Nicht wußt', wo aus, wo ein,
Kehrte mein verirrtes Aug'
Zur Sonne, als wenn drüber wär'
Ein Ohr, zu hören meine Klage,
Ein Herz wie meins,
Sich des Bedrängten zu erbarmen.

Wer half mir wider
Der Titanen Übermut?
Wer rettete vom Tode mich,
Von Sklaverei?
Hast du's nicht alles selbst vollendet,
Heilig glühend Herz?
Und glühtest, jung und gut,

Betrogen, Rettungsdank
Dem Schlafenden dadroben?

Ich dich ehren? Wofür?
Hast du die Schmerzen gelindert
Je des Beladenen?
Hast du die Tränen gestillet
Je des Geängsteten?
Hat nicht mich zum Manne geschmiedet
Die allmächtige Zeit
Und das ewige Schicksal,
Meine Herrn und deine?

Wähntest du etwa,
Ich sollte das Leben hassen,
In Wüsten fliehn,
Weil nicht alle Knabenmorgen-
Blütenträume reiften?

Hier sitz' ich, forme Menschen
Nach meinem Bilde,
Ein Geschlecht, das mir gleich sei,
Zu leiden, weinen,
Genießen und zu freuen sich,
Und dein nicht zu achten,
Wie ich.

(1773/74)

Entstehung und Thematik

Das in den Jahren 1773/74 entstandene Gedicht wird als Ode, ein feierlicher oder schwungvoller Gesang, der sich an jemanden richtet, oder als Hymne, ein feierlicher Gesang voller Begeisterung, bezeichnet. Goethe wusste, dass das Gedicht als Provokation aufgefasst würde. Deshalb veröffentlichte es erst später und stets gemeinsam mit dem Gedicht *Ganymed*, das eine gewisse Relativierung und Zurücknahme der Provokation darstellt.

Im fünfzehnten Buch seiner Autobiografie *Dichtung und Wahrheit* spricht Goethe in Bezug auf *Prometheus* vom „Zündkraut einer Explosion"[10]. Er war sich also der aufwühlenden

Wirkung seines Gedichts bewusst. Die Ausführungen in *Dichtung und Wahrheit* zeigen, dass er sich die Gestalt des Prometheus aus der griechischen Mythologie so zurechtgeschnitten hat, wie er sie zum Ausdruck seiner Situation und seines Denkens benötigte.

In der Ode ist Prometheus wie der Göttervater Zeus ein Abkömmling der Titanen, die von Zeus als Götter abgesetzt worden waren. Prometheus begehrt gegen Zeus und die olympischen Götter auf. Als er zum Ende der Ode hin sagt: „Hier sitz' ich, forme Menschen/Nach meinem Bilde" (V. 52 f.), ist das eine Anspielung auf die Mythologie, die besagt, Prometheus habe aus Ton Menschen geschaffen und ihnen das Leben eingehaucht. In Goethes Gedicht sind die Menschen jedoch längst erschaffen, denn Prometheus spricht von Kindern und Bettlern, die auch – wie er – von den Göttern betrogen worden seien. Wenn er hier Menschen formt, ist das eine geistige Formung, eine Wendung an das aufgeklärte Selbstverständnis. Er will – ganz Sturm und Drang – Menschen zum **Aufbegehren** formen, die die Götter und die allgemeinen Autoritäten nicht achten.

Aus *Dichtung und Wahrheit* geht hervor, dass Goethe sich zwar mit der Gestalt des Prometheus identifiziert hat, sie aber nur zeitweise und in bestimmten Situationen seinem Denken entsprach. Durch die Platzierung des *Ganymed* neben den *Prometheus* hat er die atheistische (die Existenz Gottes leugnende) Anklage relativiert. Die Hymne ist für sich genommen durchaus eine Wendung gegen die Götter, die diese und jegliche Transzendenz infrage stellt. Die Ode wurde zudem als „pantheistisches Glaubensbekenntnis"[11] gesehen. Andere sprechen von „blasphemischer Umkehrung"[12] der Hymnen, in denen üblicherweise die Gottheiten verehrt werden.

In seiner Ode stellt Goethe den **genialen Menschen** dar, der sich völlig unabhängig, ja autonom fühlt und der **durch schöpferische Tätigkeit** selbst etwas **Göttliches** wird.

Damit ist aber auch eine politische Aussage verbunden. Der absolutistische Herrscher des 18. Jahrhunderts wird infrage gestellt, der Bürger emanzipiert sich. Man kann die Thematik sogar so stark verallgemeinern, in Prometheus' Verhältnis zu Zeus den Vater-Sohn-Konflikt zu sehen, wie er zu allen Zeiten auftritt.

Aufbau

Die sieben Strophen stellen eine Gliederung der Hymne dar. In der ersten Strophe wird Zeus aufgefordert, zwischen Himmel und Erde eine Trennlinie zu ziehen, da er auf Erden machtlos sei und keine Beziehung zu den Menschen habe, die er im Übrigen beneide.

Die zweite Strophe erläutert die Machtlosigkeit der Götter, die von den Menschen abhängig sind. Sie existieren nur in dem Maße, wie an sie geglaubt wird. Sonst „darben“ (entbehren) sie, wenn die Menschen die Himmlischen nicht anbeten und ihnen opfern.

Die dritte Strophe beschreibt Prometheus' Erinnerung an die Kindheit, als ihm die Götter nicht halfen.

Rhetorische Fragen stellen in der vierten Strophe sehr abwertend fest, dass Prometheus sich selbst durch sein „glühend Herz“ (V. 34) geholfen hat. Prometheus ärgert sich immer noch, Zeus („Dem Schlafenden dadroben“, V. 37) Dank abgestattet zu haben, den dieser nicht verdient hat.

In der fünften Strophe richtet Prometheus Vorwürfe an Zeus aufgrund dessen passiver Haltung. Er bezweifelt seine Allmacht.

Prometheus betont in Strophe 6, dass er keinen Grund zu resignieren sieht, auch wenn er nicht alle Lebensziele erreicht.

In der siebten Strophe verweist Prometheus auf seine schöpferische Tätigkeit: Er formt Menschen, die das Leben in all seinen freudvollen und schmerzhaften Aspekten akzeptieren und sich unabhängig von Göttern fühlen.

Sprache und Form

Prometheus' aufbegehrendem Charakter entsprechend verzichtet die Hymne auf Regelmäßigkeiten in Metrum und Reim. Man spricht von **freien Rhythmen**. Die Strophen sind unterschiedlich lang. Die Hymne schließt mit dem Schlüsselwort „ich". In der Tat handelt es sich um eine **Ich-Feier**. Aufgrund der Überschrift kann der Sprecher als Prometheus bezeichnet werden, der sein Ich, seine Individualität, ja seine Göttlichkeit preist und den Göttern seine Verachtung zeigt. Die Pronomen „mein" – „dein", „ich" – „dich", „du" – „mich" und in der Verallgemeinerung „euch", „ihr" machen in nahezu allen Strophen auf den menschlich-göttlichen Gegensatz aufmerksam. Zu Beginn der Verse 12 und 38 prallen die Pronomen direkt aufeinander: „Du mich" und „Ich dich". Der einsetzende Imperativ „Bedecke deinen Himmel, Zeus" und die Feststellung „Musst mir meine Erde/Doch lassen stehn" (V. 6 f.) klären nicht nur die Besitzverhältnisse und Zuständigkeiten, sie schmähen auch die gemeinhin angenommene Allmacht eines Gottes. Durch Worte wie „Ärmer's" (V. 13), „kümmerlich" (V. 15), „darbtet" (V. 19) in der zweiten Strophe wird die Unzulänglichkeit der Gottheiten angesprochen, die eigentlich abhängig von den Menschen sind. Denn durch Gebete und Opfer derer, die noch Illusionen haben („Kinder und Bettler", V. 20), und welche sich von den Göttern noch etwas erhoffen („Hoffnungsvolle Toren", V. 21) wird erst die „Majestät" (V. 18) der Götter geschaffen, die ohne den Glauben an sie gar nicht vorhanden wären. Aus eigener Kraft sind sie nicht in der Lage, etwas für die Menschen, die „Bedrängten" (V. 28) zu tun. Sie bemühen sich nach der Meinung von Prometheus nicht einmal darum.

In einer Reihe rhetorischer Fragen wird in der vierten und fünften Strophe darauf verwiesen, dass Prometheus ganz allein die Schwierigkeiten des Lebens gemeistert bzw. gelernt hat, die Schmerzen im Leben zu akzeptieren (vgl. V. 29–32). Die Fragen

„Hast du die Schmerzen gelindert/Je des Beladenen?/Hast du die Tränen gestillet/Je des Geängsteten?“ (V. 39–42) klingen sehr höhnisch und verächtlich gegenüber Zeus und den Göttern. Dagegen wird die **eigene Leistung** gestellt: „Hast du’s nicht alles selbst vollendet,/Heilig glühend Herz?“ (V. 33 f.) Das Verb „vollenden“ weist auf die hohe Meinung des Sprechers von seiner Leistung hin, ebenso das Adjektiv „heilig“, welches das glühende Herz charakterisiert. Das Glühen des Herzens ist eine Voraussetzung für das Meistern des Lebens. „Glühend“ steht für Begeisterung, unbedingten Willen und höchste Motivation. Das **Herz** ist wiederum die Zentrale im Menschen, in der Rationales und Emotionales zusammenkommen. Es ist ein Schlüsselbegriff des Sturm und Drang.

Indem das Herz heilig genannt wird, wird es vergöttlicht. Es ist die wahre Gottheit, die das gesamte Denken und Handeln des Menschen bestimmt. In dem Substantiv „Glut“ (V. 11) wird ebenfalls „glühend“ angedeutet. Von Zeus wird gesagt, dass er Prometheus um die Glut seines Herdes beneidet. Das muss metaphorisch verstanden werden, denn Zeus als Blitzeschleuderer ist sehr wohl im Besitz des Feuers, ihm selbst fehlt aber das glühende Herz. Er ist kalt den Menschen gegenüber, gleichgültig, „schlafend“ (vgl. V. 37).

Prometheus ist nicht allmächtig. Er kennt seine **Abhängigkeit von Zeit und Schicksal** (vgl. V. 43–46). Gerade weil er die Schmerzen und Ängste des Menschen kennen lernt und akzeptiert, kann er die **Vollendung** erreichen („Hat nicht mich zum Manne geschmiedet …“, V. 43). Die Vollendung liegt nicht darin, über den Dingen zu stehen, sondern im Erlernen der Kunst, mit Schmerzen und Ängsten umzugehen. Deshalb will Prometheus auch die Menschen formen: „Nach meinem Bilde,/Ein Geschlecht, das mir gleich sei,/Zu leiden, weinen,/Genießen und zu freuen sich“ (V. 53–56).

Die Vollendung ist demnach durch das **Kennenlernen des Leidens** und **das glühende Herz** zu erreichen. Und darin wird etwas Göttliches gesehen („Heilig"). Göttliches und Irdisches verbinden sich in der pantheistischen Vorstellung. Die Transzendenz ist überflüssig. Zeus wird nicht gebraucht. Seine Überflüssigkeit und Nichtsnutzigkeit werden im Bild des Knaben, der Disteln köpft, sehr gut ausgedrückt.

Die rhetorischen Fragen der vierten und fünften Strophe steigern sich in der sechsten Strophe, die nur aus einem einzigen Satz besteht. Prometheus fragt Zeus höhnisch, ob er verzweifeln soll („das Leben hassen,/In Wüsten fliehn", V. 48 f.), weil er feststelle, dass das Leben kein uneingeschränkter Triumphzug sei und nicht alle Hoffnungen reiften.

Goethe verwendet mit der Wortschöpfung „Knabenmorgenblütenträume" eine Wortzusammensetzung, die gleich vierfach und damit besonders eindringlich den hoffnungsvollen Neuanfang charakterisiert. Indem Prometheus die Erkenntnis formuliert, dass man mit den gescheiterten Wünschen leben lernen muss, ohne zum Lebensfeind zu werden, erhebt er sich über den belohnenden und strafenden Gott und wird dadurch frei und unabhängig, ja autonom. So kann er zu der Schlussfeststellung gelangen, Menschen nach seinem Bilde zu formen. In dieser Feststellung liegt eine Anspielung auf das Alte Testament, Buch Genesis 1,27, wo es heißt: „Gott schuf also den Menschen als sein Abbild, als Abbild Gottes schuf er ihn." Durch diese Parallele stellt sich Prometheus mit Gott auf eine Stufe. Das kann man als Gotteslästerung bezeichnen, man kann darin aber auch ein Bild für schöpferisches Tun, für **Künstlertum** sehen, für den Menschen der sich verselbstet, wie Goethe ihn in *Dichtung und Wahrheit* beschreibt:

... wenn nur anerkannt wird, dass wir uns in einem Zustande befinden, der, wenn er uns auch niederzuziehen und zu drücken scheint, dennoch Gelegenheit gibt, ja zur Pflicht macht, uns zu erheben und die Absichten der Gottheit dadurch zu erfüllen, dass wir, indem wir von einer Seite uns zu verselbsten genötigt sind, von der anderen in regelmäßigen Pulsen uns zu entselbstigen nicht versäumen.[13]

Intention

Prometheus' Sprache ist so glühend wie sein Herz. Viele Sprecher haben sich an dieser Hymne versucht. Man kann sie interpretieren, indem man überlegt, wie sie ausgesprochen werden muss. Während der Schauspieler Will Quadflieg sehr pathetisch den „Stürmer und Dränger" darstellt, der pausenlos aufbegehrt, versteht der Rezitator Lutz Görner ihn eher als Intellektuellen, der sein Überlegenheitsgefühl durch Ironie, Distanz und Verachtung ausspielt und damit seine geistige Selbstverwirklichung betont.

Die Intention des Textes *Prometheus* wird sehr treffend von Jochen Schmidt formuliert, der in der Hymne die „Selbstermächtigung des modernen Menschen" und die „Loslösung von überkommenen Autoritäten"[14] sieht.

Die Ode *Prometheus* ist ein zentrales Dokument für Goethes **Entwicklung zum Künstler** und für seine schöpferische Tätigkeit, die – wenigstens zeitweise – ein Unabhängigkeitsgefühl von literarischen Vorbildern und persönlichen Autoritäten voraussetzt.

Aufgrund der biografischen Bedeutung für Goethe, aber auch wegen ihres Identifikationsangebots an Jugendliche, wurde die Hymne eines seiner bekanntesten Werke.

5 Ganymed – Hingabe

Ganymed

Wie im Morgenrot
Du rings mich anglühst,
Frühling, Geliebter!
Mit tausendfacher Liebeswonne
Sich an mein Herz drängt
Deiner ewigen Wärme
Heilig Gefühl,
Unendliche Schöne!

Daß ich dich fassen möcht'
In diesen Arm!

Ach, an deinem Busen
Lieg' ich, schmachte,
Und deine Blumen, dein Gras
Drängen sich an mein Herz.
Du kühlst den brennenden
Durst meines Busens,
Lieblicher Morgenwind,
Ruft drein die Nachtigall
Liebend nach mir aus dem Nebeltal.

Ich komme! Ich komme!
Wohin? Ach, wohin?

Hinauf, hinauf strebt's,
Es schweben die Wolken
Abwärts, die Wolken
Neigen sich der sehnenden Liebe,
Mir, mir!
In eurem Schoße
Aufwärts,
Umfangend umfangen!
Aufwärts
An deinem Busen,
Alliebender Vater!

(1774, *diese Fassung* 1789)

Entstehung und Thematik

Ganymed ist oft als Komplementärgedicht zum *Prometheus* verstanden worden. Goethe hat selbst zu dieser Interpretation beigetragen, indem er in seinen Werkausgaben dem Prometheus, der das Aufbegehren, die Verselbstung, Ich-Werdung und die Selbstständigkeit betont, die Figur des Ganymed daneben oder dagegen gestellt hat. Ganymed verkörpert **die Hingabe**, das Entselbsten, die Hinwendung, **das Aufgehen im Ganzen**. Die Deutung als Komplementärgedicht ist durchaus zutreffend. Beide Gedichte stellen – wie der „Stein des guten Glücks" – Gegensätze dar, die lebensnotwendig sind. Sie können als Einheit gesehen werden.

Doch muss dem Interpreten gleichzeitig bewusst sein, dass *Ganymed* in sich schon eine Darstellung der **Polaritäten des Lebens** ist. Der „Stein des guten Glücks" kann als Metapher für die *Ganymed*-Deutung gesehen werden. Ganymed ist die Vereinigung aller Gegensätze in der wechselseitigen Liebe. Deshalb kann das Gedicht auch als typisch für Goethes Denken und Empfinden angesehen werden, sogar für sein ganzes Leben. *Prometheus* hingegen bringt nur das Denken und Empfinden der Epoche des Sturm und Drang zum Ausdruck.

Das Gedicht ist vermutlich im Frühjahr 1774 entstanden. Die Überschrift weist auf den Ganymed der griechischen Mythologie hin, der als besonders schöner Jüngling von Zeus in den Olymp geholt wurde, wo er als Mundschenk der Götter diente.

Nur die Überschrift nimmt den mythischen Hintergrund auf, im Gedicht selbst wird kein Bezug darauf genommen. Lediglich die Schönheit muss als besondere Eigenschaft des lyrischen Ich angenommen werden.

Aufbau

Das Gedicht beschreibt die Vereinigung des Ich mit der göttlichen Natur. Es handelt sich nicht um einen Prozess, denn die Einheit ist schon mit Beginn der zweiten Strophe vorhanden. Im Weiteren wird lediglich eine Steigerung bis zur ekstatischen, ja orgiastischen Einheit von Ich und Gottheit beschrieben.

Die erste Strophe, in der der Frühling angesprochen wird, macht deutlich, dass eine Bewegung des Frühlings auf den Sprecher zu dargestellt wird. Dieser glüht ihn an (vgl. V. 2) und drängt sich an sein Herz (vgl. V. 5).

Die zweite Strophe beschreibt die Reaktion und Befindlichkeit des lyrischen Ich, seine große Sehnsucht nach dem geliebten Frühling (vgl. V. 2: „Geliebter!").

Die dritte Strophe lässt erkennen, dass sich die Sehnsucht steigert, auch wenn der Angesprochene ganz nah ist. Der Wechselprozess der Liebe ist ersichtlich. Der Sprecher „schmachtet" (vgl. V. 12), während sich die frühlingshafte Natur an sein Herz drängt. Er verspürt „brennenden/Durst" (V. 15 f.), den der Morgenwind kühlt. Der Sehnsucht antwortet die Nachtigall, der Vogel der Liebenden.

Die vierte Strophe stellt wiederum die Antwort auf den Ruf der Liebe dar. Da die Nähe zur Natur aber schon vorhanden ist, Liebe und Sehnsucht sich dennoch steigern, ist der Sprecher im Überschwang der Gefühle fast orientierungslos: „Wohin? Ach, wohin?" (V. 21)

In der fünften Strophe wird der Höhepunkt der liebenden Vereinigung beschrieben. Dieser Höhepunkt wird als Taumel empfunden: „Hinauf!" (V. 22), „abwärts" (V. 24), „Aufwärts" (V. 28 und 30). Das Ineinander der beiden Liebenden, die zugleich Geliebte sind, verdeutlicht der 29. Vers auf vollkommene Art und Weise: „Umfangend umfangen!"

Sprache und Form

Die erste Strophe beginnt mit einem Ausruf: „Wie im Morgenglanze/Du rings mich anglühst,/Frühling, Geliebter!“ „Wie“ weist auf eine hohe Intensität hin, die den Sprecher nur noch zu einem vom Gefühl überwältigten Ausruf ermächtigt. „Morgenglanz“ und „Frühling“ korrespondieren: Beide bedeuten Anfang, Aufbruch. Das Verb „anglühen“ gibt einerseits die Richtung an, vor allem aber drückt es die Glut des Herzens, die übergroße Liebe aus. Wie im *Prometheus* weist das Glühen das Besondere aus. In ihm ist der göttliche Funke wirksam. Die Ortsangabe „rings“ ist wichtig. Der Sprecher ist von der geliebten und liebenden frühlingshaften Natur umringt. Wenn er sich auf die Natur zu bewegen wollte, ginge das nicht, denn er ist ja „rings“ umgeben. Deshalb heißt es auch später: „Wohin? Ach, wohin?“ (V. 21)

In den weiteren Versen der ersten Strophe fallen Eigenschaften aus dem religiösen Bereich auf: ewig, heilig und unendlich (vgl. V. 6–8). Damit wird das Gefühl „tausendfacher Liebeswonne“ (V. 4) vergöttlicht. Der Sprecher, der ja durch den Bezug zur Mythologie als sehr schön angesehen werden muss, trifft hier auf die Schönheit der vergöttlichten Natur. Voraussetzung dafür, die Schönheit der Natur zu erkennen, ist die eigene Schönheit. Goethe macht in dem Gedicht *Wär nicht das Auge* (vgl. *Interpretationshilfe,* S. 20) auf **das Prinzip des Wechselseitigen** aufmerksam.

Menschen und Dinge müssen eine gewisse Analogie aufweisen, damit Verstehen überhaupt möglich ist. Der Mensch muss Voraussetzungen mitbringen, z. B. ähnliche Eigenschaften haben, wenn er Neues aufnehmen will. So ist die Schönheit des lyrischen Ich Voraussetzung für die Erkenntnis der Schönheit der Natur. Indem er göttliche Schönheit aufnimmt, vergöttlicht er sich selbst. Goethes Pantheismus wird im *Ganymed* deutlich. Das **heilige Gefühl** (vgl. V. 7), das Göttliche in der Schönheit der

Natur, wird in der Liebe erfahren. Damit vergöttlicht sich der/die Liebende selbst. Gott ist also nicht nur Natur schlechthin, es muss die Liebe noch hinzukommen. Das „Glühen“ muss vorhanden sein, das Zeus und die anderen Götter nicht besitzen (vgl. *Prometheus*).

Bei der Beschreibung des Aufbaus ist auf das Wechselseitige im Verhältnis des Ich zur frühlingshaften Natur hingewiesen worden. Es handelt sich um eine **doppelte Bewegung** des Ich auf die Natur zu und der Natur auf den Sprecher hin. Als Bereiche der Natur kommen vor: Blumen, Gras, Morgenwind, Nachtigall und Nebeltal. Auch hier treffen unterschiedliche Bereiche aufeinander und bilden ein Ganzes. „Morgenwind“ steht neben „Nachtigall“, der Morgen und die Nacht werden so zur Einheit, es gibt keine zeitliche Abfolge mehr, sondern eine Gleichzeitigkeit verschiedener Bereiche. Der „Morgenwind“ lässt ebenso an frische Brise, an Aufbruch zu neuen Zielen denken, während das „Nebeltal“ eher für Statisches, Undurchsichtiges steht. Nebel und Wind schließen sich eigentlich aus, sind aber hier gleichzeitig vorhanden.

In der ersten Strophe steht das „**Herz**“ (V. 5) im Zentrum. Es ist, wie so oft bei Goethe, Schlüsselwort der Epoche des Sturm und Drang. In der dritten Strophe findet sich das Wort „Herz“ ebenfalls (vgl. V. 14). Zudem wird seine Bedeutung noch dadurch verstärkt, dass zweimal „Busen“ vorkommt, der Sitz des Herzens: einmal der Busen der Natur („an deinem Busen“, V. 11), zum anderen die eigene Brust („meines Busens“, V. 16). Es fällt auf, dass das Herz sich verselbstständigt, personifiziert und zum Wichtigsten wird, denn nicht der Sprecher hat Durst, sondern der „Busen“.

Die Wiederholung ähnlich klingender und vom Wortstamm her verwandter Wörter macht auf die **Einheit der Natur** aufmerksam, auch wenn sich diese Wörter auf unterschiedliche Bereiche der Natur beziehen: „lieblicher“ (V. 17) und „liebend“

(V. 19). Ähnlich wie man einen Sinn für Schönheit haben muss, um diese zu erkennen, setzt Lieben und Geliebt-Werden Liebenswürdigkeit voraus. Hier wird eine Harmonie gesehen, die verstärkt in Goethes klassischen Gedichten auftritt, beginnend mit *An den Mond.*

Die dritte Strophe ist geprägt durch die **Aktivität der Natur**. Das Ich schmachtet untätig, während die Bereiche der Natur handeln: Blumen und Gras drängen sich an den Sprecher, kühlen seinen Durst, liebend ruft die Nachtigall. Bei der Formulierung „Ruft drein die Nachtigall", bei der in üblicher Wortstellung ein „es" zu ergänzen wäre, wird die Tätigkeit des Rufens durch die Stellung am Satzanfang (Inversion) betont. Die Nachtigall ruft liebend nach dem Sprecher. In der Tradition üblich ist ein lyrisches Ich, das den Gesang der Nachtigall hört und seine Schönheit in sein Lieben einbezieht.

Es ist also die Natur, die die Sehnsucht erkennt und ihr aktiv entgegenkommt, oder es ist die Natur, die durch ihre Annäherung erst die Sehnsucht auslöst. Beide Deutungen sind möglich. Die **Dynamik der Sehnsucht** wird auch in dieser dritten Strophe durch mehrere Enjambements unterstrichen.

Die Antwort des lyrischen Ich auf das Rufen und Anglühen ist: „Ich komme, ich komme!" (V. 20) Selbst wenn sich bei der Intensität des Gefühls der Sprecher zunächst ziellos fühlt: „Wohin? Ach, wohin?" (V. 21) Die folgende Strophe gibt eine Richtung an: „Hinauf, hinauf strebt's" (V. 22). Dabei muss eher an eine weitere Steigerung, eine Intensivierung der wechselseitigen Liebe gedacht werden als an eine Bewegung nach oben, obwohl von Wolken die Rede ist (vgl. V. 23 f.). Die neigen sich im Bild zwar abwärts, darin ist aber nur ein Ausdruck der wechselseitigen Sehnsucht zu sehen. Man könnte den Eindruck gewinnen, hier bestünde eine transzendente Sehnsucht, das Göttliche würde im Himmel gesucht, zumal am Ende des Gedichts ein „Allliebender Vater!" (V. 32) angesprochen wird. Doch handelt es sich nur um Bilder für einen Pantheismus, der das Göttliche wirklich in all seinen Naturerscheinungen sieht. Wenn in den bisherigen Strophen das „rings“ (V. 2) überwog, also die horizontale Bewegung nach allen Seiten ausgedrückt wurde, so kommt in der fünften Strophe die vertikale Bewegung, also nach oben und unten, hinzu. Dem „Hinauf“ und „Aufwärts“ entspricht ein „Abwärts“ und ein „Neigen“ (V. 22–30).

Der allliebende Vater ist als Natur zu verstehen, denn im ganzen Gedicht werden Bereiche der frühlingshaften Natur angesprochen. Üblicherweise ist von Mutter Natur die Rede. In der Wendung „Allliebender Vater“, als Natur gesehen, schwingt die Mutter mit, sodass hier eine Totalität der Bezüge anklingt.

Im Zentrum der Strophe steht das doppelte „Mir!“ (V. 26). Dies zeigt, dass es in dem Gedicht nicht nur um Entselbstung und **Hingabe** geht, sondern auch um Verselbsten und **Ich-Stärkung**.

Die enge Beziehung zwischen Sprecher und Natur wird durch das Getragen- und Geborgensein zum Ausdruck gebracht: „In eurem Schoße/Aufwärts!“ (V. 27 f.)

Intention

Der bei der Deutung bisher ausgesparte Vers 29 lässt sich sehr gut zur Zusammenfassung und zur Darlegung der Intention nutzen: „Umfangend umfangen!“

Ein und dasselbe Verb wird hier in den beiden Partizipialformen wiederholt. Zunächst steht das Partizip Präsens, das eine aktive Handlung ausdrückt, in der die ganze Beziehung und Sehnsucht des Sprechers der Natur gegenüber zum Ausdruck kommt. Im folgenden Partizip Perfekt Passiv „umfangen“ wird die allseitige Bewegung der Natur in ihren verschiedenen Daseinsformen auf den Sprecher hin zusammengefasst. Die sprachliche Einheit trägt zur gefühlsmäßigen Vereinigung der beiden Seiten bei. Durch die Betonung des Wechselseitigen wird die **Vergöttlichung des schönen Menschen** legitimiert.

Ganymed kann als eine sprachliche Umsetzung der Skulptur des „Steins vom guten Glück" angesehen werden, in dem alle Gegensätze in Harmonie und als Darstellung der Schönheit gezeigt werden (vgl. *Interpretationshilfe,* S. 1 f.).

Es ist nicht abwegig, das Gedicht auch als Ausdruck des sexuellen Aktes anzusehen. Die wechselseitige Liebe in Verbindung mit einem erotischen Vokabular, die Anordnung der Strophen, die ekstatischen Ausrufe mit dem inhaltlich, rhythmisch und lautlich Befriedigung signalisierenden letzten Vers weisen auf diese Interpretation hin.

Der Titel *Ganymed* erinnert daran, dass die Einheit mit dem Göttlichen, mit der „Unendliche(n) Schöne!" (V. 8), die eigene innere und äußere Schönheit voraussetzt. Wenn der Mensch **Wesensgleichheit** erzielt, spiegelt er **die Vollkommenheit der Schöpfung** wider.

6 An Schwager Kronos – ein Genie auf seiner Lebensfahrt

An Schwager Kronos
In der Postchaise den 10. Oktober 1774

Spude dich, Kronos!
Fort den rasselnden Trott!
Bergab gleitet der Weg;
Ekles Schwindeln zögert
Mir vor die Stirne dein Haudern.
Frisch den holpernden
Stock Wurzeln Steine den Trott
Rasch in's Leben hinein!

Nun schon wieder
Den eratmenden Schritt
Mühsam Berg hinauf.
Auf denn, nicht träge denn!
Strebend und hoffend an.

Weit hoch herrlich der Blick
Rings ins Leben hinein
Von Gebürg zum Gebürg
Über der ewige Geist
Ewigen Lebens ahndevoll.

Seitwärts des Überdachs Schatten
Zieht dich an
Und der Frischung verheißende Blick
Auf der Schwelle des Mädchens da.
Labe dich! – Mir auch, Mädchen,
Diesen schäumenden Trunk
Und den freundlichen Gesundheitsblick!

Ab dann, frischer hinab!
Sieh, die Sonne sinkt.
Eh' sie sinkt, eh' mich faßt
Greisen im Moore Nebelduft,
Entzahnte Kiefer schnattern
Und das schlockernde Gebein,

Trunknen vom letzten Strahl
Reiß mich, ein Feuermeer
Mir im schäumenden Aug',
Mich Geblendeten, Taumelnden
In der Hölle nächtliches Tor!

Töne, Schwager, dein Horn,
Raßle den schallenden Trab,
Daß der Orkus vernehme, ein Fürst kommt,
Drunten von ihren Sitzen
Sich die Gewaltigen lüften.

(1774)

Worterklärungen:

Schwager (Titel):	Kutscher
Kronos (Titel):	griechischer Göttervater, u. a. Vater des Zeus, hier auch *Chronos*: Zeitgott
Postchaise (Titel):	Postkutsche
Spude (V. 1):	Spute
Trott (V. 2):	Trab
ekles (V. 4):	ekeliges
Haudern (V. 5):	schlecht und langsam fahren
eratmen (V. 10):	schwer atmen
an (V. 13):	hinan
Gebürg (V. 16):	Gebirge
über (V. 17):	hinüber
Frischung (V. 21):	Erfrischung
ab (V. 26):	ab, los, hinab
V. 28–36	Sinn: Bevor die Sonne sinkt, bevor ich alt werde, lass mich die Unterwelt erreichen, solange ich noch vom Leben begeistert bin.
Orkus (V. 39):	Unterwelt
lüften (V. 41):	sich erheben

Entstehung und Thematik

In dem Gedicht aus dem Sturm und Drang erlebt der Leser einen sehr **selbstbewussten Sprecher**, der auf den ersten Blick überheblich und anmaßend wirkt. Beim näheren Hinsehen erkennt man jedoch eine Relativierung durch Humor und Ironie.

Die Interpretation basiert auf der Fassung von 1774. Zum Druck seiner Werke im Jahre 1789 hat Goethe das Gedicht umgeschrieben und dabei das – scheinbar – Anmaßende teilweise geglättet.

Der Untertitel des Gedichts gibt Zeitpunkt und Ort der Entstehung an. Goethe war 25 Jahre alt. Er hatte im Jahre 1774 erste Bekanntheit erlangt (*Götz von Berlichingen, Werther*). Einer der bedeutendsten Dichter der Zeit, Friedrich Gottlieb Klopstock, hatte Goethe in Frankfurt besucht. Auf dessen Weiterfahrt hatte Goethe ihn begleitet und war dann mit einer Postkutsche zurückgekehrt. Diese Reise in der Postkutsche gestaltet er im Gedicht sinnbildlich zur **erfolgreichen Lebensfahrt**, in der er sich als „Fürst" bezeichnet, denn er fühlt sich als Genie.

Aufbau

Die sieben Strophen sind zwischen fünf und acht Versen lang. Es handelt sich um freie Rhythmen mit auffallend vielen Daktylen, die eine heitere Stimmung erzeugen.

Die erste Strophe beginnt mit der Aufforderung zur Eile bei der Kutschfahrt : „Spude dich, Kronos!" (V. 1) Die Schreibung verweist auf Kronos, den Göttervater. Aufgrund des inhaltlichen Zusammenhangs meint Goethe vermutlich gleichzeitig Chronos, den Gott der Zeit. Am Ende der Strophe wird mitgeteilt, wohin die Reise gehen soll: „Rasch in's Leben hinein!" (V. 8)

Die zweite Strophe thematisiert die mühsame Fahrt bergauf. Sie enthält die deutliche Aufforderung, die Pferde nicht träge werden zu lassen.

Die dritte und vierte Strophe beschreiben die Ankunft auf der Höhe, also der Höhe des Lebens, und den dortigen Aufenthalt. Der Erfolg, das Erreichen des Ziels, vermittelt Einblick in den Zusammenhang und den Sinn des Lebens („Ewigen Lebens ahndevoll", V. 18). Hinzu kommen erotische Erfahrungen in der Begegnung mit einem Mädchen (vierte Strophe). Indem beide

Strophen das Wort „Blick" (V. 14 und 21) verwenden, wird eine Parallele zwischen den zwei auf dem Höhepunkt des Lebens erfahrenen Bereichen gezogen. Ist es in der dritten Strophe der Geist, der den Lebensgipfel und die Selbstverwirklichung ausmacht, so ist es in der vierten Strophe die Liebe.

Die fünfte Strophe stellt zunächst die Fahrt bergab dar. Anschließend – auch in der sechsten Strophe – eine Antizipation (Vorwegnahme) der Altersprobleme mit der Aufforderung an den Kutscher, das Ich rechtzeitig in die Unterwelt zu bringen. Hölle darf hier nicht im christlichen Sinn verstanden werden, sondern als Synonym des Orkus in der griechischen Mythologie.

Die siebte Strophe beschreibt die imaginierte Ankunft des Sprechers in der Unterwelt. Er befiehlt dem Kutscher, sein Horn tönen zu lassen, damit man in der Unterwelt erfahre, dass ein Fürst eintreffe und gebührend empfangen werden möchte.

Das Gedicht stellt also eine **Lebensreise** in den wichtigsten Stationen dar: vom Beginn bis zum Tod.

Sprache und Form

Das Gedicht beginnt mit einem Imperativ: „Spude dich". Weitere Imperative („Labe dich!", V. 23, „Sieh", V. 27, „Reiß mich", V. 33, „Töne", V. 37, „Rassle", V. 38) unterstreichen den drängenden Stil des Sprechers, der als „Fürst" Anordnungen zu treffen hat. Intensiviert wird der Aufforderungscharakter durch Wendungen, die ebenfalls befehlen oder drängen: „Fort" (V. 2), „Frisch" (V. 6), „Rasch" (V. 8), „Auf denn, nicht träge denn!" (V. 12), „Mir auch" (V. 23), „Ab dann, frischer hinab!" (V. 26). Dadurch wird das Gedicht nachhaltig geprägt und der Sprecher als „Stürmer und Dränger" charakterisiert, der voller Lebensoptimismus und -schwung seine Lebensfahrt begehen will.

Der Sprecher in seinem Drang empfindet den Weg bergab als gleitend (vgl. V. 3), was die **Dynamik** unterstreicht. Ihn ergreift Schwindeln, nicht weil es zu schnell geht, sondern zu langsam.

„Haudern" ist Subjekt des Satzes, es ruft „Ekles Schwindeln" hervor (vgl. V. 4 f.). Rhythmisch wird das Zögern und Holpern unterstrichen durch die Reihung „Stock Wurzeln Steine", denn diese Wortgruppe ist zwischen „holpernden" (V. 6) und „Trott" (V. 7) als Unterbrechung gesetzt. Zusätzlich treffen zwei Hebungen aufeinander, wodurch der Sprachfluss aufgehalten wird. Der Sprecher scheint das Zögern dadurch wieder aufheben zu wollen, dass er sich keine Zeit nimmt, Kommas zu setzen. „Strebend und hoffend" (V. 13) soll es weitergehen, auch wenn der Weg beschwerlich und mühsam wird. Hier schimmert eine **Lebenseinstellung** durch, die Goethes gesamtes Werk kennzeichnet. Am Ende von *Faust II* heißt es: „Wer immer strebend sich bemüht, / Den können wir erlösen!" (V. 11932 f.) Goethe hat also dieses Lebensprinzip schon als junger Mann gehabt. Er wusste, was ein gelingendes Leben bewirkt. So hat er mit *An Schwager Kronos* neben ein wenig Hybris (Selbstüberschätzung) auch schon Altersweisheit gezeigt.

In der dritten Strophe wird durch Adjektive wie „herrlich" (V. 14) und zweimal „ewig" (V. 17 f.) der göttliche Bezug im gelingenden Leben aufgezeigt. Der „ewige Geist", darunter muss man sich vor allem den schöpferischen vorstellen, kann Gottgleichheit erlangen und dem Leben Ewigkeit geben. Dass hier der Höhepunkt der Lebensfahrt erreicht ist, lässt sich an der feierlich formulierten Wortgruppe „Weit hoch herrlich" (V. 14) erkennen, die nicht nur inhaltlich den Gipfel der Lebensfahrt vermittelt, sondern auch rhythmisch: Drei Hebungen folgen aufeinander. Wieder fehlt hier die Zeit, Kommas zu setzen.

Diese Strophe ist verblos, dadurch erhalten die Worte Ausrufcharakter. Das weist auf die Bewegtheit, die Begeisterung und die Freude des Sprechers hin. In den anderen Strophen wird ebenso der Effekt durch den sparsamen Gebrauch von Verben als Prädikate erzielt. Hingegen werden Verben häufig als Partizip Präsens Aktiv genutzt, was zu einer dynamischen, aktiven, handlungsorientierten Wirkung führt: „rasselnden" (V. 2), „holpernden" (V. 6), „eratmenden" (V. 10), „Strebend und hoffend" (V. 13), „verheißende" (V. 21), „schäumenden" (V. 24 und 34), „schlockernde" (V. 31), „Taumelnden" (V. 35), „schallenden" (V. 38).

Während in allen anderen Strophen der Kutscher angesprochen wird, ist in der vierten Strophe zunächst der Sprecher selbst der Adressat: „Zieht dich an" (V. 20) und dann vor allem ein Mädchen, das dem Reisenden einen Erfrischungstrank bereit hält: „Labe dich – Mir auch ..." (V. 23). Es ist aber nicht allein der Trank, der Bewegung vermittelt, sondern zudem der liebende Blick, die Erotik, die im Zentrum des Lebens wie im Zentrum des Gedichts stehen. Das Substantiv „Blick" (vgl. *Interpretationshilfe*, S. 53) erscheint in der dritten Strophe als Blick des Sprechers, in der vierten Strophe als Blick des Mädchens (vgl. V. 21) und als „Gesundheitsblick" (V. 25). Dass „Blick" wechselseitig auf die Geschlechter bezogen und als „Gesundheitsblick" wieder aufgenommen wird, deutet auf die Wichtigkeit, die Notwendigkeit und die belebende Wirkung der Liebe hin. Dennoch wird die Liebe in diesem Gedicht – trotz der zentralen Stellung – eher als nur vorübergehend wichtig angesehen. Im Folgenden ist von **allgemeinen Lebenserfahrungen** die Rede.

Angesichts des sich neigenden Lebens („die Sonne sinkt", V. 27) und der Vision des Greisentums sowie des Verfalls wird noch einmal ein ekstatischer Abschnitt auf der Lebensfahrt angesprochen. Der Sprecher sieht, obwohl es nur der letzte Strahl der Sonne ist, „ein Feuermeer/... im schäumenden Aug'" (V. 33 f.). Der Kutscher wird aufgefordert, den vor Begeisterung Trunkenen von diesem weiteren Höhepunkt aus direkt in die Unterwelt zu führen. Die Lichtmetaphorik (Sonne, Strahl, Feuer, V. 27–32) weist auf die Art des Höhepunkts hin, auf geistige Werke und damit **künstlerisches Schöpfertum**. Die Genialität und Größe der künstlerischen Leistung wird so hoch angesehen, dass sich der Sprecher als „Fürst" (V. 39) bezeichnet, zu dessen Ehren sich die im Orkus versammelten Geistesgrößen erheben sollen. Die Formulierung „die Gewaltigen“ (V. 41) erinnert an die „Triumvirn“, die am Ende von Goethes *V. Römischer Elegie* genannt werden – gemeint sind die römischen Liebeslyriker Catull, Tibull und Properz. Hier stellt sich Goethe schon als junger Dichter in eine **große Tradition**.

Das Bild der sich erhebenden „Gewaltigen“ ist überzeichnet und wirkt daher humorvoll und selbstironisch. Hierdurch relativiert sich die Überheblichkeit.

Sprachlich besonders hervorgehoben werden die Imperative „Töne“ (V. 37) und „Rassle“ (V. 38), da sie transitiv gebraucht werden, also ein Akkusativobjekt nach sich ziehen. Feierlich wirken die Daktylen im letzten Vers: „Sich die Gewaltigen lüften“.

Intention

Goethes frühes Gedicht kann als **Vision seines Lebens** verstanden werden, als Plan und Vorstellung, die der junge Dichter von seinem Lebenslauf hat. Es handelt sich um einen Triumphzug durch das Leben. Den Göttervater Kronos und den Zeitgott Chronos sieht er dabei als Leitfiguren in einem gelingenden, glücklichen Leben an, das durch **geniales Schöpfertum** gekennzeichnet ist. Wir wissen, dass Vieles aus seiner Vision verwirklicht worden ist. Schon zu seinen Lebzeiten wurde Goethe zum Beispiel als Fürst, als Dichterfürst, angesehen.

Auch wenn Goethe sein Leben nicht immer als leicht und glücklich empfunden hat, ist der Lebensplan in *An Schwager Kronos* doch sehr selbstbewusst.

Im Leben hielt Goethe bewusst große Distanz zum Tod. In diesem Gedicht werden Tod und Altersschwäche umgangen, indem das lyrische Ich rechtzeitig und im Triumph in der Unterwelt ankommen will. Damit wird eine Überwindung von Verfall und Tod durch **Leistung und Ruhm** aufgezeigt.

7 Auf dem See – Wiedergeburt durch die Natur

Auf dem See

Und frische Nahrung, neues Blut
Saug' ich aus freier Welt;
Wie ist Natur so hold und gut,
Die mich am Busen hält!
Die Welle wieget unsern Kahn
Im Rudertakt hinauf,
Und Berge, wolkig himmelan,
Begegnen unserm Lauf.

Aug', mein Aug', was sinkst du nieder?
Goldne Träume, kommt ihr wieder?
Weg, du Traum, so gold du bist:
Hier auch Lieb' und Leben ist.

Auf der Welle blinken
Tausend schwebende Sterne,
Weiche Nebel trinken
Rings die türmende Ferne;
Morgenwind um flügelt
Die beschattete Bucht,
Und im See bespiegelt
Sich die reifende Frucht.

(1775, diese Fassung 1789)

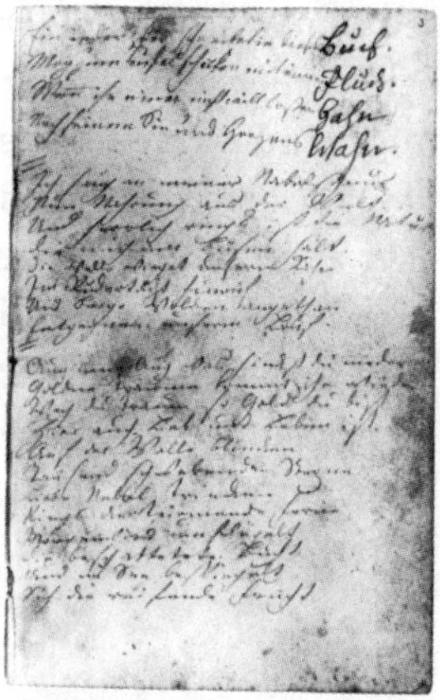

Originalhandschrift Goethes zum Gedicht *Auf dem See*

Entstehung und Thematik

Das Gedicht *Auf dem See* entstand auf einer Reise Goethes mit Freunden in die Schweiz. Die erste Fassung schrieb Goethe in sein Tagebuch. Zum Druck 1789 wurde das Gedicht überarbeitet. Hier wird die zweite Fassung interpretiert, weil sie stimmiger und verbreiteter ist.

Die Überschrift nennt keinen bestimmten See, ist von daher eher allgemein gültig zu verstehen. Das Gedicht beschreibt die **Wiedergeburt eines lyrischen Ich** durch die Fürsorge und Hilfe der Natur. Nach einer Erinnerung an vergangene Zeiten, die weniger naturnah erlebt wurden, erfolgt eine intensive Wendung zur Natur, mittels der der Sprecher eine **Vollendung seiner Existenz** erzielt.

Aufbau

Die erste Strophe beschreibt die mütterliche Natur, die dem Sprecher und seinen Begleitern („wir", „unsern") fürsorglich begegnet. Auf der Basis der Naturerfahrung können die Begleiter eine Ausweitung ins überirdisch Transzendente erfahren, wie das Adverb „himmelan" (V. 7) vermuten lässt.

Die zweite Strophe stellt einen Einschnitt dar, den auch das Versmaß bestätigt: Goethe verwendet hier Trochäen statt Jamben. Das lyrische Ich erinnert sich an eine Zeit, die „Lieb' und Leben" (V. 12) enthielt, aber als „Goldne Träume" (V. 10) verscheucht wird.

In der dritten Strophe ist die Betrachtung der Natur noch umfassender. Hier werden nicht nur der See mit seinen Wellen und die Berge wahrgenommen, sondern zudem die Sterne, der Nebel, die Ferne, der Morgenwind und eine reifende Frucht. Auch diese Strophe hebt sich im Versmaß – durch dreihebige Trochäen und einen Daktylus jeweils im zweiten Vers als zweiter Takt – von den übrigen Strophen ab.

Sprache und Form

Die erste Strophe macht sowohl eine Aussage zur mütterlichen **Natur** als vermittelt durch die Regelmäßigkeit des jambischen Versmaßes und den alternierenden Reim auch lautmalerisch den Eindruck des Gewiegt-Werdens durch die Wellen des Sees. So wie die Wellen nie ganz regelmäßig sind, ist es der Jambus ebenfalls nicht. Der jeweils erste Vers ist vierhebig, der zweite dreihebig. Bei den ersten drei Versen muss die den Vers beginnende Senkung eher als Nebenhebung gesehen werden. Die Kadenzen sind alle männlich bzw. stumpf. Dadurch entsteht der Eindruck einer gewissen Eintönigkeit, was beim Schwappen des Wassers an einen Kahn durchaus der Fall sein kann.

Der erste Vers bemüht sich um eine intensive Wirkung, indem seine Aussage redundant gestaltet wird: „frische Nahrung, neues Blut". Die Adjektive „frisch" und „neu" sind partielle Synonyme, „Nahrung" und „Blut" hängen in ihrer Bedeutung hier eng zusammen: Die neue Nahrung gleicht einer Blutauffrischung. Der Sprecher nimmt sie sinnbildlich an der Brust der Mutter ein, er nennt die Nahrungsaufnahme „saugen". Überraschenderweise teilt er auch mit, er beziehe diese neue Kraft „aus freier Welt" (V. 2). Freiheit ist damit eine Bedingung und Voraussetzung dafür, dass sich der Mensch in der Begegnung mit der Natur erneuert. Wenn hier die **Freiheit** betont wird, ist zu vermuten, dass in der – in der zweiten Strophe dargestellten – Erinnerung an eine frühere Situation diese fehlte. Vielleicht handelte es sich um einen goldenen Käfig: „Weg, du Traum, so gold du bist" (V. 11).

Auf jeden Fall wird die fürsorgliche Natur der ersten Strophe in „freier Welt" empfunden. Die **Mutter-Kind-Beziehung** wird einerseits durch das Bild der Natur, die das lyrische Ich am Busen hält, andererseits durch das Wiegen betont. Die Natur ist aktiv: „Die Welle wieget unsern Kahn" (V. 5). Es ist nicht das Rudern der Menschen, das die Wellen verursacht, es erfolgt nur in dem durch die Welle angegebenen Takt. Die Alliteration „Welle wieget“ unterstreicht den Zusammenhang der beiden Begriffe. Hier beobachtet man eine **Gleichzeitigkeit der Perspektiven**, die für das Gedicht typisch ist. Der Sprecher befindet sich einerseits in Freiheit – das hat mit Losgelöstsein zu tun – andererseits am Busen der Natur in einer ganz engen Bindung und nimmt Nahrung auf. Gleichzeitig liegt er im Kahn wie in einer Wiege. Dieses Sowohl-als-auch hebt Grenzen auf. Es gibt kein Nacheinander, sondern nur die Intensität der Gleichzeitigkeit. Die Natur wird in ihrer Ganzheit erfahren und kann erst so die belebende Wirkung haben, die in diesem Gedicht angesprochen wird. Auffällig ist, dass die hier dargestellte Natur mit moralisch-ethischen Kategorien bewertet wird: „hold und gut“ (V. 3). Indem der Autor sie damit vermenschlicht und personifiziert, stellt er sie gleichzeitig als ein Vorbild für die Menschen dar, wie auch die Menschen ein Vorbild der Götter sind (*Das Göttliche,* vgl. *Interpretationshilfe,* S. 90 ff.).

Die gleichzeitige Sicht der Umgebung setzt sich fort. Im See spiegeln sich die den See umringenden Berge einschließlich der Wolken am Himmel. Dadurch können sie den Ruderern begegnen. Die Ferne wird in der Nähe gesehen, das Oben (der Himmel) im Unten, das Überirdische im Irdischen, das Göttliche im menschlichen Bereich, sodass wieder Goethes Pantheismus festzustellen ist. Die **Natur ist gleichzeitig das Göttliche**. Indem sich der Mensch selbst als Teil der Natur empfindet, vergöttlicht er sich.

Die zweite Strophe stellt einen Einschnitt dar, der metrisch empfunden wird. Statt der Jamben trifft man in den vier Versen der zweiten Strophe vierhebige Trochäen an. Eine Wiederholung des wichtigsten Sinnesorgans, mit dem die Natur wahrgenommen wird, leitet die Strophe ein: „Aug’, mein Aug’, was sinkst du nieder?“ (V. 9) Diese Selbstbefragung wird im zweiten Vers fortgesetzt: „Goldne Träume, kommt ihr wieder?“ (V. 10) Wenn der

Blick nicht mehr in die Natur gerichtet ist, sondern nach innen und in die Vergangenheit, ist eine Störung eingetreten. Die Erinnerung verfolgt das lyrische Ich wie ein schlechter Traum: „kommt ihr wieder?“ (V. 10) Doch ist von goldnen Träumen die Rede, die man normalerweise nicht verscheucht. Weil hier aber gesagt wird: „Weg, du Traum, so gold du bist“ (V. 11), muss ein Sachverhalt vorliegen, der etwas Unangenehmes mit sich trägt. Dies überrascht umso mehr, als die Formulierung des zwölften Verses in dieser Erinnerung Liebe und ein mögliches Leben erkennen lässt. Da diese positiven Aspekte vorhanden sind, können es nur Naturnähe und Freiheit sein, die in der Erinnerung als fehlend empfunden werden. Das Adjektiv „gold“ kommt in zwei Versen hintereinander vor. Dadurch wird es besonders akzentuiert. Fragt man sich, was man mit dem Attribut golden verbindet, so sind es **Reichtum, Geld und Geschäft**. Sie erfordern gewisse Verfahrens- und Verhaltensweisen, also Regeln und Normen, die **Zwänge** bedeuten, während die Natur Freiheit bietet.

In der Erinnerung muss es sich also um eine reiche, aber naturferne Liebe handeln. Die steht im Gegensatz zu dem Leben, das der Sprecher führen möchte, welcher aufgrund seiner Darstellungsweise als **Künstler** angesehen werden muss.

Die Paarreime wirken in dieser Strophe wie Konfrontationen, zumal sie jeweils mit weiblichen und männlichen Kadenzen verbunden sind.

In der dritten Strophe werden „Lieb’ und Leben“ wieder im Bereich der Natur gesucht und gefunden. Es ist zwar nicht von einer erotischen Beziehung die Rede, aber es kommt eine Allliebe zum Ausdruck, indem die Umgebung in einem „Rings“ (V. 16) gesehen wird. Das bedeutet, dass die Natur im Kreis wahrgenommen wird. Hinzu kommen – wie in der ersten Strophe – die Ferne und der Himmel, diesmal in Form der Sterne, die für die göttliche Gesetzmäßigkeit, aber auch für Liebe und Erkenntnis stehen. Die Sterne spiegeln sich im Wasser. Dadurch wird – wie in der ersten Strophe – ein Ineinander von oben und unten, eine **Gleichzeitigkeit von Irdischem und Göttlichem** bewirkt. Neben der genauen Sicht auf die Dinge stehen „Weiche Nebel“ (V. 15) als Gegensatz, die die Umgebung „trinken“, d. h. undeutlich werden lassen, sodass die Vorstellungskraft gefordert ist. Genaues Sehen und Fantasie lassen die Dinge erst in ihrem umfassenden Wesen deutlich werden.

Weitere Gegensätze fallen auf und bilden ein Ganzes. Während die Erkennbarkeit der Sterne dunkle Nacht voraussetzt, ist vom Morgenwind die Rede. Dass eine „beschattete Bucht“ (V. 18) vorhanden ist, bedingt Sonnenlicht. Es ist also eine Gleichzeitigkeit mehrerer Tages- und somit eventuell auch **Lebenszeiten** festzustellen, was zu einer Totalität der Darstellung des Lebens führt. Innerhalb dieser Polaritäten kann mit Morgenwind der Lebensbeginn assoziiert werden, mit „beschattete“ das Ende.

Diese Deutung wird unterstützt, wenn man sich den Beginn des Gedichts, wo sich der Sprecher als Baby an der Brust der Mutter Natur bzw. in ihrer Wiege fühlt, ins Gedächtnis ruft und diesen mit dem Ende des Gedichts vergleicht. Hier wird die „reifende Frucht“ (V. 20) gesehen, die auf das Ende einer Entwicklung, die Hochphase des Lebens, hinweist. Die „reifende Frucht“ wird wieder nur indirekt wahrgenommen, als Spiegelbild im See.

Die dritte Strophe unterscheidet sich metrisch stark von den vorhergehenden. Dem jeweils ersten Vers in dreihebigen Trochäen folgt ein Vers mit einem Trochäus, einem Daktylus und wieder einem Trochäus in regelmäßiger Reihenfolge. Die Daktylen bestehen jeweils aus Partizipien: Dreimal aus dem Partizip Präsens („schwebende“, V. 14; „türmende“, V. 16; „reifende“, V. 20) und einmal aus dem Partizip Perfekt („beschattete“, V. 18). Die besondere Kunstfertigkeit der Strophe unterstreicht ihre Bedeutung. Sie kann als Steigerung und Integration der ersten

Strophe sowie als Antwort auf die zweite Strophe gelten. Die Motive der ersten Strophe werden wieder aufgenommen, deren Sinn – die Gleichzeitigkeit der Lebenssicht – wird erkennbar und mit dem Erlangen von Reife („reifende Frucht", V. 20) ein **Abschluss in der Entwicklung** gesehen. Gleichzeitig stellt Strophe 3 eine Alternative zur zweiten Strophe dar. Sie begründet, warum der Sprecher intuitiv die Liebe im goldenen Käfig abgelehnt hat. Gelingendes Leben setzt die **Ganzheit aller Lebensbezüge** voraus. Erst die Totalität der gesamten Wirklichkeit, die Zusammensicht von Nähe und Ferne, Irdischem und Überirdischem (Immanentem und Transzendentem) bewirken das Reifen und das Heil des Menschen.

Intention

Die Überschrift des Gedichts gibt einen Hinweis zum Gesamtverständnis. Der See taucht in der ersten Strophe als „Welle" (V. 5) auf und in der dritten Strophe sowohl als „Welle" (V. 13) als auch ausdrücklich als „See" (V. 19).

Goethe ist bekannt als Anhänger des Neptunismus, d. h. der Lehre, die besagt, das Leben komme aus dem Wasser, und sogar die Steine seien weitgehend durch Kristallisation aus dem Wasser entstanden. Also hat **das Wasser als Quelle des Lebens** und der Wirklichkeit eine grundsätzliche Bedeutung.

Da der Titel *Auf dem See* verallgemeinernd formuliert ist – der See hat ja keinen Namen – müssen der See und seine Wirkung als grundsätzlich angesehen werden. Als besonderer Teil der Schöpfung integriert der See die ihn umgebende Natur, das Überirdische und die verschiedenen Tages- und Lebenszeiten zu einer Gesamtsicht.

Das **Wesen der Wirklichkeit** kann nicht direkt, sondern nur „**bespiegelt**" (V. 19) wahrgenommen werden. Der See als Reflektor ist damit die Basis für die wesentliche Erkenntnis. Die hier dargestellte Natur hilft dem Sprecher über die in der zweiten

Strophe geäußerte Krise hinweg. Die Natur, im Bild des Sees zusammengefasst und in eine Gleichzeitigkeit gebracht, hat eine heilende Wirkung.

Hier soll noch der biografische Hintergrund nachgereicht werden, der die Interpretation untermauert, ohne ihre Allgemeingültigkeit anzuzweifeln. Mit dem angesprochenen See ist der Zürcher See gemeint. Die Kahnfahrt mit den Grafen Stolberg und Haugwitz fand im Juni 1774 statt. Einige Wochen vorher hatte Goethe sich mit der Offenbacher Bankierstochter Lili Schönemann verlobt. Goethe spürte trotz der aufrichtigen Liebe zu Lili ein Gefühl der Unsicherheit, weil ihn die Lebensumstände der Familie Schönemann belasteten. Ihm ging es um sein **Künstlertum**, nicht um Geld und Geschäfte. Die Reise in die Schweiz unternahm Goethe, um sich über seine Zukunft klar zu werden, indem er zunächst Abstand zu Lili suchte. Nach seiner Rückkehr aus der Schweiz löste er das Verlöbnis. Goethe hatte offensichtlich in der freien Natur die Erkenntnis gewonnen, dass ein Leben im Bereich der Bankiersfamilie einen **goldenen Käfig** für ihn bedeutet hätte.

8 Rastlose Liebe – Liebe als Krone des Lebens

Rastlose Liebe

Dem Schnee, dem Regen,
Dem Wind entgegen,
Im Dampf der Klüfte,
Durch Nebeldüfte,
Immer zu! Immer zu!
Ohne Rast und Ruh!

Lieber durch Leiden
Möcht' ich mich schlagen,
Als so viel Freuden
Des Lebens ertragen.
Alle das Neigen
Von Herzen zu Herzen,
Ach wie so eigen
Schaffet das Schmerzen!

Wie soll ich fliehen?
Wälderwärts ziehen?
Alles vergebens!
Krone des Lebens,
Glück ohne Ruh,
Liebe, bist du!
(1776)

Entstehung und Thematik

Das Gedicht ist 1776 entstanden. Es gehört zu der so genannten „Lida-Lyrik", zu Gedichten, die an Charlotte von Stein, die Freundin und Geliebte Goethes, gerichtet sind. Der Text stellt die Liebe nicht als ruhiges, harmonisches und unbeschwertes Glücksgefühl dar, sondern als ein Glück, das vielfach mit **Schmerzen, Ruhe- und Rastlosigkeit** verbunden ist und dennoch die „Krone des Lebens" (V. 18) verkörpert.

Aufbau

Die drei Strophen besitzen jeweils sechs, acht und sechs Verse. Die erste Strophe besteht nur aus Ausrufen, ein Verb ist nicht vorhanden. Die Verse 1 bis 4 beschreiben den Kampf gegen die Unbilden der Natur: Schnee, Regen, Wind, Dampf, Nebeldunst. Der Sprecher ist zur Ruhe- und Rastlosigkeit verdammt. Die Verse 5 und 6 fassen die Sachlage zusammen: „Immer zu! Immer zu!/Ohne Rast und Ruh!" Liest man die Strophe isoliert, weiß man nicht, warum der Sprecher von dieser Rastlosigkeit gepackt ist. Nur der Kontext und vor allem die Überschrift weisen darauf hin, dass hier sinnbildlich gegen die Begleitumstände der Liebe angekämpft wird.

In der zweiten Strophe macht der Sprecher die erstaunliche Mitteilung, er erfahre lieber Leiden als viele Freuden. Er begründet diese Feststellung mit den Schmerzen, die die Liebe mit sich bringt. Die Strophe hat einen reflektierenden Charakter.

Die dritte Strophe beginnt mit zwei rhetorischen Fragen, die Fluchtmöglichkeiten ausdrücken. Der Sprecher kommt aber zu dem Ergebnis, dass eine Flucht vor der Liebe nicht möglich ist, dass sie zwar ein Glück ohne Ruhe bedeute, aber dennoch die „Krone des Lebens" (V. 18) sei, also das Höchste, was es auf Erden gebe. Damit bietet die dritte Strophe eine Antwort auf die Problemstellungen der Strophen 1 und 2.

Sprache und Form

Die verblose erste Strophe beginnt mit einer Aufzählung im Dativ. Dadurch können die Beschwernisse vorangestellt werden und so mehr Aufmerksamkeit erlangen. Nicht nur das Wetter auf der zurückzulegenden Wegstrecke, dem Lebensweg, ist abstoßend, der Weg selbst ist auch beschwerlich („Klüfte", V. 3).

Die ersten vier Verse zeichnen ein Bild des Ausgesetztseins. Dem dreifachen Dativ folgen genauere Orts- und Umstandsangaben: „Im" (V. 3) und „Durch" (V. 4). Die Wiederholungen

„Immer zu!“ (V. 5) fassen das Getriebensein zusammen und intensivieren es. Auch die R-Alliteration in „Ohne Rast und Ruh!“ (V. 6) lässt lautmalerisch das Raue und Ruppige anschaulich werden. Die Paarreime in der ersten Strophe wirken wie „Schlag auf Schlag“, was zu dem Getriebensein gut passt. Der hetzende Rhythmus, der einerseits durch die Kurzverse (zweihebige Jamben), andererseits durch die Aufzählungen und Wiederholungen hervorgerufen wird, vermittelt zusätzlich einen Eindruck der Rastlosigkeit. Der Wechsel des Metrums in den Versen 5 und 6 (vierhebige Trochäen mit einer Pause in der zweiten Hebung, dann dreihebige) macht darauf aufmerksam, dass nach der Aufzählung etwas Neues kommt.

In der zweiten Strophe wird durch die Inversion des ersten Satzes „Leiden“ betont, zumal es im Reim steht (vgl. V. 7). Das einleitende „Lieber“ ist besonders hervorgehoben durch die Stellung am Beginn der Strophe. Gleichzeitig weist es durch die Alliteration auf „Leiden“ hin. Die an sich paradoxe Aussage – lieber Leiden als Freuden – macht inhaltlich auf die Sachlage aufmerksam. Der unreine Reim („Leiden“–„Freuden“) lässt erkennen, dass zwei Dinge verglichen werden, die eigentlich nicht zusammenpassen. Der zweite Teil der Strophe variiert und begründet die Aussage des ersten Teils: **Liebe bereitet Schmerzen**. Auch hier betont der vorangestellte Akkusativ „Alle das Neigen / Von Herzen zu Herzen“ (V. 11 f.) die Meinung des Sprechers. Dabei ist der Plural „Alle“ auffällig. Es müsste eigentlich „All das …“ heißen. Wie mit dem Plural, eine dichterische Freiheit, ausgedrückt wird, handelt es sich nicht um Einzelfälle. Die Aussage ist allgemein gültig. Das im nächsten Vers eingeschobene „Ach“ verstärkt die inhaltliche Feststellung der Schmerzen.

Es fallen in der zweiten Strophe vier Enjambements auf, während es in der ersten und dritten Strophe keine gibt. Hier werden Zusammenhänge erläutert, die schon wie Sentenzen, dichterische Sinnsprüche, klingen.

Das Versmaß in Strophe 2 unterscheidet sich deutlich von dem der vorigen. Jeder Vers weist einen Daktylus und einen Trochäus oder zwei Daktylen auf, von denen die letzte Senkung in den Folgevers fließt. Die Leichtigkeit im Rhythmus könnte betonen, dass der Sprecher sich mit seinem Liebeskummer abfindet, nachdem er erkannt hat, dass er ihm nicht entgehen kann.

Auch die dritte Strophe bietet ein fast tänzerisches Metrum mit einem Daktylus in jedem Vers. Die Unmöglichkeit, in die Einsamkeit zu fliehen, wird zum Ausdruck gebracht: „Alles vergebens!" (V. 17) Der Schluss, der wie ein Resümee klingt, verallgemeinert: „Krone des Lebens,/Glück ohne Ruh,/Liebe, bist du!" (V. 18–20) Indem der Sprecher die Liebe direkt anspricht und sie als „Krone des Lebens" und „Glück" bezeichnet, macht er seinen Frieden mit den Begleiterscheinungen: Rastlosigkeit, Leiden und Schmerzen werden akzeptiert, weil die **Liebe einzigartig** ist. Sie nimmt den Menschen ganz ein.

Intention

In dem Gedicht wird keine Geliebte angesprochen. Es geht also nicht um eine bestimmte Liebe, die Schmerzen zufügt, sondern um **allgemein gültige Feststellungen zum Wesen der Liebe**.

Weil die Liebe, die mit Rastlosigkeit und Leiden verbunden ist, dennoch als „Krone des Lebens" bezeichnet wird, ist dies das Ergebnis von Erfahrungen und Reflexionen des Sprechers. Er ist der Wissende, der das höchste Gefühl des Menschen geistig analysiert hat. Er ist sich der **Ambivalenz des Lebens** bewusst, die sich sogar in der Liebe manifestiert.

Goethes „Stein des guten Glücks" (vgl. *Interpretationshilfe*, S. 1 f.) liefert wieder einen Deutungsansatz: Das Glück kann erreicht werden, wenn alle Aspekte des Lebens in Einklang gebracht werden können, wenn man lernt, mit Schmerzen umzugehen, ohne zu resignieren, sondern trotz allem die Liebe als „Krone des Lebens" anzusehen.

9 An den Mond – Ambivalenz der Liebe

An den Mond

Füllest wieder Busch und Tal
Still mit Nebelglanz,
Lösest endlich auch einmal
Meine Seele ganz;

Breitest über mein Gefild
Lindernd deinen Blick,
Wie des Freundes Auge mild
Über mein Geschick.

Jeden Nachklang fühlt mein Herz
Froh- und trüber Zeit,
Wandle zwischen Freud' und Schmerz
In der Einsamkeit.

Fließe, fließe, lieber Fluß!
Nimmer werd' ich froh,
So verrauschte Scherz und Kuß,
Und die Treue so.

Ich besaß es doch einmal,
Was so köstlich ist!
Daß man doch zu seiner Qual
Nimmer es vergißt!

Rausche, Fluß, das Tal entlang,
Ohne Rast und Ruh,
Rausche, flüstre meinem Sang
Melodien zu,

Wenn du in der Winternacht
Wütend überschwillst,
Oder um die Frühlingspracht
Junger Knospen quillst.

Selig, wer sich vor der Welt
Ohne Haß verschließt,
Einen Freund am Busen hält
Und mit dem genießt,

Was, von Menschen nicht gewußt
Oder nicht bedacht,
Durch das Labyrinth der Brust
Wandelt in der Nacht.

(1776–78, diese Fassung 1789)

Handzeichnung Goethes: *Aufgehender Mond am Fluss*

Entstehung und Thematik

Hier wird die spätere Fassung des Gedichts *An den Mond* interpretiert, weil sie bekannter ist und allgemein gültiger – weniger auf die Biografie bezogen – verstanden werden kann. Das *Goethe Handbuch Gedichte* stellt fest: „Die beiden Fassungen von *An den Mond* unterscheiden sich so erheblich voneinander, dass in Wahrheit von zwei Gedichten zu sprechen ist."[15] Folglich wird auch nicht die erste Fassung zur Deutung herangezogen.

Die Forschung nimmt an, dass die erste Fassung zwischen 1776 und 1778 entstanden ist. Die zweite Fassung ist im Druck 1789 erschienen. Wann sie geschrieben wurde, weiß man nicht.

An den Mond stellt die Erfahrung des Sprechers mit dem ambivalenten (zwiespältigen) Charakter der Liebe dar. Aus dem Glück ist „Qual" (V. 19) geworden. Die Betrachtung des Mondes und der mondbeschienenen Natur lindert die Qual. Wenn man die Gesetzmäßigkeiten der Natur beobachtet, erkennt man, inwiefern die Ambivalenz kennzeichnend für das Leben ist, denn **Freude und Schmerz sind Grunderfahrungen.** Nicht in der Einsamkeit, im resignierenden Rückzug aus der Welt kann die Lösung gesehen werden, sondern in der **Freundschaft** mit einem Menschen, der auch Wissender ist, der Einblick genommen hat in das „Labyrinth der Brust" (V. 35).

Aufbau

Das Gedicht hat neun Strophen zu je vier Versen. Das Metrum ist durchgehend der vier- bzw. dreihebige Trochäus. Die Einheit des Gedichts wird durch den regelmäßigen Kreuzreim und die ausnahmslos männlichen Kadenzen gewahrt, die Beständigkeit vermitteln.

In der Strophenfolge lassen sich ebenfalls gewisse Einheiten feststellen. Gemäß der Überschrift wird der Mond angesprochen, aber nur in den ersten beiden Strophen. Der Blick des Mondes wird mit dem eines Freundes verglichen.

Die dritte Strophe stellt die Situation des Sprechers dar, der sich einsam fühlt und an vergangene Ereignisse sowie Beziehungen denkt, die Freude und Leid bewirkt haben.

In der vierten, sechsten und siebten Strophe wird ein Fluss angesprochen, in der vierten zunächst mit der Aufforderung zu fließen und der Feststellung, eine Liebe sei so verflossen, wie der Fluss strömt. Die Aufforderung ist damit ein Wunsch, die Zeit möge vergehen. Die sechste Strophe verwendet den Imperativ „Rausche" zweimal (vgl. V. 21 und 23), verbunden mit dem Wunsch, dem Singen und Dichten des Sprechers Melodien zuzuführen. Das bedeutet, dass der Sprecher das Leben in seinem

Ablauf gemäß der Natur gestalten will. In der siebten Strophe werden die gegensätzlichen Erscheinungsformen des Flusses dargestellt, der zum einen eine zerstörerische, zum anderen eine belebende Wirkung in der Natur hat.

In diese drei Strophen eingeschoben ist die fünfte Strophe, die eine Erklärung dafür bietet, warum Mond und Fluss so intensiv betrachtet werden und warum das Ich von einer Qual spricht. Es handelt sich um eine ehemalige Liebe.

Offensichtlich führt die Betrachtung der Natur, vor allem ihrer Erscheinungsformen und Wirkung, zu der Erkenntnis, dass im Leben gegensätzliche Erfahrungen und Empfindungen „natürlich" sind, weil nicht allein Freude und Liebe, sondern auch Schmerz erfahren werden, die zur **Ganzheit des Lebens** gehören.

In der achten und neunten Strophe kann deshalb ein Resümee der Analyse mitgeteilt werden, das eine Lebensmöglichkeit aufzeigt, welche keine Qual mehr ist. Sie lässt „Selig" (V. 29) sein, wer die Ambivalenzen des Daseins gemeinsam mit einem Freund nicht nur aushält, sondern sogar „genießt" (V. 31).

Sprache und Form

Das Gedicht ist deshalb so populär, weil es von Erfahrungen ausgeht, die jeder Leser und jede Leserin schon gemacht haben. Bei der Betrachtung des Mondes entsteht eine besinnliche Stimmung, die den Menschen zu sich selbst führt und ihn Schwierigkeiten überwinden lässt.

Das erste Wort des Gedichts ist „Füllest". Man denkt an etwas Reiches, das gegeben wird. Vom Mondlicht beschienen werden „Busch und Tal", eher unbedeutende Naturausschnitte. „Tal" passt zu dem Stimmungstief des Sprechers. „Still" am Anfang des zweiten Verses wird aufgrund seiner Stellung betont. Einsamkeit und Sich-Einlassen auf das Betrachtete sind notwendig für die Aufnahme der Natur, die Linderung verschafft.

Es herrscht Nebel. Dieser wird bei Goethe meist positiv empfunden. Der Nebel hüllt ein, macht undeutlich und das Schmerz Verursachende verbirgt sich dem Blick. Hier heißt es „Nebelglanz“, wodurch gleichfalls eine Aufwertung bewirkt wird. Glanz steht für Schönheit und Helligkeit. Die Dinge treten in ein anderes Licht, werden erhellt und verlieren ihre Schrecken. Das **Licht** kann die Dunkelheit in der Natur und in der Seele des Sprechers beseitigen. Eine lang erwartete Lösung der Verkrampfung („endlich“, V. 3) ist die Folge. So entfaltet die Natur, hier in der Gestalt des Mondes, der dem Bereich des Überirdischen, Kosmischen und damit dem Göttlichen angehört, ihre **heilende Wirkung**.

Die nächste Strophe thematisiert den Vergleich mit dem Freund. Zwischen **Freund** und **Mond** entsteht eine **Parallele**. Der Mond wird personifiziert und erhält einen Blick, der dem des Freundes gleicht. Beide üben eine lindernde Wirkung aus. So wie in der ersten Strophe „still“ betont ist, wird in Strophe 2 ein Akzent auf das Reimwort „mild“ (V. 7) gelegt, besonders, da es dem Substantiv nachgestellt ist. Die Eigenschaft „mild“ setzt Zuwendung, Empathie (Fähigkeit, sich in den anderen hineinzuversetzen), Wissen und Reife voraus. Indem Freund und Mond gleichgesetzt werden, erhält der Mond die Eigenschaften, die dem milden Auge des Freundes zugeschrieben werden. Die vielen Enjambements machen auf die Verflechtung formal aufmerksam.

Die dritte Strophe nennt die Gründe dafür, dass der Sprecher **Linderung seiner Schmerzen** benötigt. Es werden sowohl die Geschehnisse „trüber Zeit“ (V. 10) angeführt als auch die froher (vgl. V. 10). Es sind also nicht nur die negativen Seiten des Lebens, die bedrücken, sondern zuweilen ebenso die schönen Tage, weil sie zu Überdruss führen können und vor allem Unsicherheit mit sich bringen, weil der Mensch meist keine ungetrübte Freude erfährt.

Eine Lösung, wie sie am Schluss des Gedichts aufgezeigt wird, bahnt sich in dieser dritten Strophe schon an, wenn der Sprecher sich selbst auffordert: „Wandle zwischen Freud' und Schmerz / In der Einsamkeit" (V. 11 f.). Das heißt nichts anderes, als dass er die ambivalenten Gegebenheiten des Lebens akzeptiert, aber noch abgewandt von der Welt verharren will.

Von der nächsten Strophe an wird der Fluss angesprochen. Man muss aber nach wie vor vom Vorhandensein des Mondlichts ausgehen. Der Titel des Gedichts setzt es voraus. In der Wiederholung „Fließe, fließe" ist der i-Laut, der ebenso in „lieber" vorhanden ist, sehr dominant. Er unterstützt das Eindringliche der Aufforderung. Das Fließen des Flusses kann mit dem der Zeit gleichgesetzt werden, zumal mit „Nimmer" ein Zeitadverbial folgt. Der Fluss ist also **Symbol des Lebensflusses**. Vom Sprecher wird präzisiert, dass ihn eine verflossene Liebe bekümmert. Indem er allgemein die Treulosigkeit bedauert, klagt er niemanden an. Die Untreue kann auch beim Sprecher selbst gelegen haben. „Scherz und Kuss" (V. 15) verrauschten für ihn, so wie der Fluss fließt. Das Ergebnis ist „Qual" (V. 19), weil man nicht vergisst, „Was so köstlich ist!" (V. 18)

In der sechsten Strophe taucht ein völlig neuer Akzent auf. Der Sprecher lässt erkennen, er wolle singen bzw. dichten. Der Fluss soll die Melodien durch sein Rauschen zuflüstern, die Melodien zu dem, was der Dichter schafft. Damit muss das Geschriebene dem entsprechen, was der Lebensfluss beinhaltet. Schmerzen werden wie Freuden besungen. Der Sprecher akzeptiert zunehmend, dass das Leben „Ohne Rast und Ruh" (V. 22) abläuft.

Die nächste Strophe gibt Beispiele dafür, welche unterschiedlichen Erscheinungsformen der Lebensfluss hat, einerseits das Zerstörerische des winterlichen, andererseits das Belebende des frühlingshaften Flusses.

An diesem Beispiel erkennt der Sprecher die Lebensprinzipien und stellt abschließend fest, was seine Seligkeit hervorruft. Er will sich offen der Welt gegenüber verhalten. Gemeinsam mit einem Freund, der für Verlässlichkeit und gleiche Einsicht steht, „genießt“ (V. 32) er, dass sie Wissende im Lebensfluss sind, die das „Labyrinth der Brust“ (V. 35) kennen. Mit dem Verb „genießen“ ist nicht eine platte Genusssucht verbunden. Vielmehr wendet sich der Kenner dem Leben zu, der die „Nacht“ (V. 3) durchwandelt im Vertrauen auf Erhellung und Heilung durch den Mond.

Das Prädikat „wandelt“ (V. 36) nimmt den Imperativ „Wandle“ (V. 11) wieder auf und schlägt damit eine Verbindung zur ersten, ansatzweisen Erkenntnis der Lebensprinzipien. Das Adjektiv „Selig“ (V. 29) steht exponiert am Beginn der beiden letzten Strophen. Auch durch die grammatische Funktion wird „Selig“ hervorgehoben, denn es leitet den sich über beide Strophen erstreckenden Satz ein, der eine Erklärung für die erlangte Seligkeit ist.

„Selig“ erinnert an die in der ersten Strophe angesprochene „Seele“ (V. 4), welche sich mithilfe des Mondlichts aus ihrer Depression löst (vgl. V. 3). Durch diese Verbindung wird auf die Bedeutung des Mondes indirekt aufmerksam gemacht. Er ist der Auslöser für die erreichte **Seligkeit**; „Selig“ lässt natürlich auch an die Worte Jesu in der Bergpredigt (vgl. Lk 5,3–12) denken. Durch die Anspielung erreicht das hier formulierte „Selig“ eine göttliche Dimension.

Auch im zweiten Teil des Gedichts fallen die zahlreichen Enjambements auf. Sie stehen für das Dynamische, Pulsierende des Lebens, für Lebenszugewandtheit also. Die depressive Einsamkeit, wie sie noch in der dritten Strophe gesucht wird, überwindet der Sprecher zugunsten einer Haltung, die „sich vor der Welt/Ohne Haß verschließt“ (V. 29 f.).

Intention

In Goethes Gedicht *An den Mond* stellt sich ein empfindsamer Sprecher dar, der von sich sagt: „Jeden Nachklang fühlt mein Herz/Froh- und trüber Zeit“ (V. 9 f.). Der Sprecher ist gleichzeitig im Einklang mit dem Mond und der mondbeschienenen Natur. Der Fluss dient ihm als Beispiel für die Ambivalenz des Lebens. Er vernichtet einerseits Leben durch winterliches Hochwasser, andererseits belebt er die erwachende Natur im Frühling. All diese Aspekte führen zu der Erkenntnis, dass man die Freuden und Leiden des Lebens hinnehmen, ja akzeptieren muss: „Wandle zwischen Freud' und Schmerz“ (V. 11). „Nachklang“ und Einklang sind damit Voraussetzungen für das Kennenlernen des Lebens. Der Sprecher thematisiert **„Nachklang“ und Einklang** in diesem Gedicht. Wie groß der Einklang ist, sieht man daran, dass der Fluss die Klanggestalt (Melodien) beitragen soll.

Es handelt sich also letztlich um ein poetologisches Gedicht, d. h. um ein Gedicht, in dem die **Bedingungen und das Entstehen von Dichtung** reflektiert werden. Voraussetzung für gelingendes Schreiben ist demnach die Sensibilität für die verschiedenen Lebensströme sowie die Fähigkeit, Situationen am Beispiel der Natur und des ganzen Lebens zu analysieren und diese im Einklang mit der Natur darzustellen.

10 Wanderers Nachtlied / Ein Gleiches – Sehnsucht und Erfüllung

Wanderers Nachtlied

Der du von dem Himmel bist,
Alles Leid und Schmerzen stillest,
Den, der doppelt elend ist,
Doppelt mit Erquickung füllest,
Ach, ich bin des Treibens müde,
Was soll all der Schmerz und Lust?
Süßer Friede,
Komm, ach komm in meine Brust!

(1776)

Ein Gleiches

Über allen Gipfeln
Ist Ruh,
In allen Wipfeln
Spürest du
Kaum einen Hauch;
Die Vögelein schweigen im Walde.
Warte nur, balde
Ruhest du auch.

(1780)

Carl G. Carus: *Wald und Wasserfall im Mondschein*

Entstehung und Thematik

Die beiden Gedichte sind zu unterschiedlichen Zeiten und Anlässen entstanden. Das erste *Nachtlied*[16] hat Goethe genau datiert: „Am Hang des Ettersbergs, d. 12. Febr. 76". Das zweite **Nachtlied** hat er am Abend des 6. Septembers 1780 auf die Bretterwand einer Jagdhütte auf dem Kickelhahn, oberhalb von Ilmenau, geschrieben. Auf den von Goethe selbst herausgegebenen Werken sind beide Gedichte zusammen auf einer Seite abgedruckt worden. Der weitere Zusammenhang besteht darin, dass Goethe das zweite Nachtlied ganz einfach *Ein Gleiches* überschrieb, d. h.: noch ein *Wanderers Nachtlied.* Welche inhaltlichen Bezüge er gesehen hat, wissen wir nicht. Immer wieder haben Interpreten versucht, eine Gemeinsamkeit zu finden. Im Kommentar zur *Hamburger Ausgabe* von Goethes Werken heißt es, das erste Nachtlied drücke Sehnsucht aus, das zweite Erfüllung.[17]

Hier werden die Gedichte zunächst einzeln interpretiert. Anschließend werden sie verglichen und in einen Zusammenhang gestellt.

Aufbau *Wanderers Nachtlied*

Beide Nachtlieder umfassen jeweils acht Verse. Sie sind also recht kurz, bieten aber höchste Komplexität bezüglich der Deutung.

Das erste Nachtlied spricht im ersten Vers jemanden an: „Der du von dem Himmel bist", aber erst im siebten Vers wird mitgeteilt, wer angesprochen ist: der Friede. Dazwischen wird benannt, welche Folgen dem Frieden zugebilligt werden und wie die Situation dessen ist, der um Frieden bittet. Der abschließende achte Vers stellt die eindringliche Bitte um diesen Frieden dar.

Häufig ist das Gedicht als **Gebet** verstanden worden. Das *Goethe Handbuch* macht darauf aufmerksam, dass dieses Gedicht bis 1871 im Gesangbuch der Bremer Gemeinde zu finden gewesen sei.[18]

Sprache und Form *Wanderers Nachtlied*

Der erste Vers beginnt recht feierlich mit einer Anspielung auf das *Vaterunser*. Damit wird der Friede in den Zusammenhang mit etwas Besonderem und Göttlichem gebracht. Auch die Formulierung „Der du von dem Himmel bist" (V. 1) beweist, dass der **Friede** als etwas Überirdisches, als eine Gnade, nicht unbedingt Gottes, aber doch des Schicksals, verstanden wird. Das Attribut „süß" in der Anrede „Süßer Friede" vermittelt ebenfalls Besonderes, indem das Wohltuende, nicht Alltägliche, Überirdische anklingt. In der christlichen Sprache ist die Formulierung „süßer Jesus" geläufig.

Die Verse 2 bis 6 sprechen zum einen die Leistung des Friedens an, zum anderen beschreiben sie die Situation des Bittenden. Auffällig ist die Wiederholung des „Doppelt" (V. 3 und 4). Man fragt sich zunächst, warum sich der Sprecher „doppelt elend" fühlt. Zwei Begriffe stehen in Vers 2: „Leid und Schmerzen". Aber sie sind fast Synonyme. Zudem werden sie als Einheit gesehen: „Alles Leid und Schmerzen". „Alles" steht in Singular und bezieht sich auf beide folgenden Substantive. Da sie grammatisch als Einheit behandelt werden, können sie nicht das „Doppelt" bewirken. Aufschlussreicher sind da die beiden anderen Begriffe: „Schmerz und Lust" (V. 6). Von dem Gedicht *Rastlose Liebe* weiß man, dass die Freuden des Lebens, sogar die Liebe, Schmerzen verursachen kann. Damit hat man die Erklärung für „doppelt elend": „elend" also einerseits aufgrund der Schmerzen, andererseits aufgrund der „Lust". Das zweite „Doppelt" erklärt sich leichter. Wenn nun die „Erquickung" (V. 4) durch den Frieden erfolgt, wirkt sie sich doppelt aus, weil ja auch das Elend zweifach ist.

Der Wanderer, der von sich sagt, er sei „des Treibens müde" (V. 6) signalisiert, dass er auf seiner Wanderung, auf seinem Lebensweg **Ruhe** braucht. Es kann natürlich auch eine bestimmte Form von Unruhe sein, die dem einstigen „Stürmer und Dränger" zu viel geworden ist. Man weiß, wie oft Goethe in der ersten Weimarer Zeit mit dem Herzog Carl August unterwegs war. Übermütige Veranstaltungen, wilde Feste gefielen dem Weimarer Neubürger zunächst. Aber ob durch eigene Einsicht oder den Einfluss der Frau von Stein, an die Goethe dieses Gedicht geschickt hat: Es kam die Zeit, in der der Dichter des höfischen Treibens überdrüssig war, wie aus mehreren Äußerungen bekannt ist. Das zweifache „Ach" (V. 5 und 8) lässt das Ausmaß der Bedrückung erkennen. Es geht demnach weniger um Ruhe als um den Frieden, der sich in einer **sinnvollen Tätigkeit** einstellt. Diese war für Goethe immer wichtig. Er war zur Zeit der Entstehung dieses Gedichts zwar ein berühmter Schriftsteller, hatte aber schon lange nichts mehr veröffentlicht. In diesem Gedicht spricht er aus, was ihn quält. Man kann annehmen, dass sich im Prozess des Schreibens der erbetene Friede findet, der im letzten Vers durch die Wiederholung des Imperativs „Komm" so sehnlich erfleht wird.

Der Kommentator der *Hamburger Ausgabe* hat also völlig Recht, wenn er das erste Nachtlied als **Ausdruck einer Sehnsucht** bezeichnet.

Die Form des Gedichts ist fast regelmäßig: Vierhebige Trochäen, Kreuzreim, abwechselnd männliche und weibliche Kadenzen sowie das Fehlen von Enjambements lassen eine gewisse Ruhe erkennen. Semantisch-inhaltlich ist jedoch Spannung wahrzunehmen. Der im ersten Vers angesprochene Friede wird erst im siebten genannt: „Süßer Friede!" Der zweihebige Vers ist Abschluss einer Steigerung, die mit einer Analyse einsetzt, das Motiv des ganzen Strebens nennt („des Treibens müde") und den Überdruss in einer rhetorischen Frage gipfeln lässt: „Was soll all der Schmerz und Lust?" Abschließend folgt die intensive Bitte mit doppeltem Imperativ.

Der Zwiespalt zwischen Inhalt und Form ist zunächst rätselhaft. Spannung und Unruhe kennzeichnen den Sprecher. Das Werk, das er schreibt, bringt ihm vermutlich Frieden. Es ist als Kunstwerk nach Regeln geformt. So ist die Diskrepanz zwischen der Sehnsucht des Sprechers und der Forderung an ein vollkommenes Kunstwerk zu erklären.

Goethe schreibt in seiner Autobiografie *Dichtung und Wahrheit,* die **wahre Poesie** sei ein „weltliches Evangelium“[19]. Von dieser Aussage her lässt sich auch die himmlische Herkunft des Friedens, welcher in diesem Gedicht gestaltet wird, erklären (vgl. V. 1). Goethe sieht in *Dichtung und Wahrheit* eine weitere Leistung eines Gedichts darin, dass „durch eine glückliche geistreiche Darstellung so Lust als Schmerz zu mäßigen“[20] seien. Wie dadurch deutlich wird, kann allein die Poesie den Überdruss „des Treibens“ überwinden.

Aufbau des zweiten Nachtliedes *Ein Gleiches*

Das ebenfalls achtzeilige Gedicht *Ein Gleiches* lässt sich aufgrund der Aussagen leicht gliedern.

Vers 1 und 2 stellen Ruhe über den Berggipfeln fest. Die Verse 3 bis 5 besagen, dass in den Baumwipfeln ebenfalls Ruhe herrscht. Kaum ein Windhauch sei zu spüren. Vers 6 teilt mit: „Die Vögelein schweigen im Walde.“ Nach der beschriebenen Ruhe in der unbelebten Natur und in der Pflanzenwelt wird hier Ruhe in der Tierwelt festgestellt. Der Aufbau des Gedichts folgt demnach dem Prinzip der **Steigerung in der Lebenshierarchie**. Folglich muss der Mensch in den Versen 7 und 8 benannt werden. Und in der Tat: Der Sprecher prophezeit sich ebenfalls Ruhe: „Warte nur! balde/Ruhest du auch.“

Sprache und Form im zweiten Nachtlied *Ein Gleiches*

Goethe hat sich am 6. 9. 1780 von Ilmenau kommend auf den Kickelhahn begeben, um „den Klagen, dem Verlangen der unverbesserlichen Verworrenheit der Menschen auszuweichen“, wie er an Charlotte von Stein schreibt.[21] Mit anderen Worten: Er wollte der Geschäftigkeit der Stadt, seinen unerfreulichen Amtspflichten für einen Abend entfliehen. Er suchte **Ruhe**. Damit ist eine Erklärung für das rätselhafte: „balde/Ruhest du auch“ gegeben. Dieses Ruhen ist in vielen Interpretationen mit dem Tod in Verbindung gebracht worden, als ob der ersehnte Friede des ersten Nachtliedes letztlich der Tod sein müsse.

Schaut man sich die Form des zweiten Nachtliedes an, findet man hier, dass sie – wie im ersten Nachtlied – seltsamerweise von der im Inhalt angesprochenen Ruhe abweicht.

Das Versmaß ist höchst ungleichmäßig. Es fängt trochäisch an, setzt sich aber schnell daktylisch fort. Vom dritten Vers an tauchen die unruhigen Daktylen in jedem Vers auf, im sechsten Vers sogar zweimal. Das Reimschema ist auch nicht regelmäßig. Einem Kreuzreim folgt ein umarmender Reim. Viel Unruhe und Dynamik vermitteln ebenso die vier Enjambements. Die Verse 3 bis 5 bieten sogar zwei Enjambements hintereinander. In einem Ruhe vermittelndem Gedicht erwartet man getragene Laute. Es überwiegen jedoch **unruhige, lebendige Laute**, selbst wenn sich das Gedicht sehr ruhig sprechen lässt.

Wie sind diese Widersprüche zwischen der inhaltlich vermittelten Ruhe und der formalen und lautlichen Unruhe zu erklären?

Goethe suchte die Ruhe an dem Abend, an dem er das Gedicht auf die Bretterwand schrieb. Er sieht die Möglichkeit, die Stille zu finden, wie er sie im Gedicht darstellt: Der Mensch muss zur Ruhe kommen, indem er die Ruhe in der Natur beobachtet. Sie wird für die nahe Zukunft vorhergesagt im Wissen, dass der Mensch denselben Lebensbedingungen wie die Natur unterliegt:

„Balde“ (V. 7). Er muss allerdings noch warten: „Warte nur!“. Das Leben wie die geistige Lebendigkeit beschäftigen ihn noch: Das Gedicht muss geschrieben werden. So ist die wenig gleichmäßige Form zu erklären. Vielleicht ist auch erst der **Schaffensprozess**, der mit tätiger Unruhe verbunden ist, abzuschließen. Die gesuchte Ruhe könnte daher im geschaffenen Werk zu finden sein.

Intention beider Gedichte

In beiden Gedichten geht es um den **poetischen Schaffensprozess**: Im ersten um die Sehnsucht nach dem Frieden, der im Abschluss eines Gedichts erreicht wird, und im zweiten um die Ruhe, die sich nach dem Schreiben des Gedichts einstellt. **Ruhe und Frieden** sind damit partielle Synonyme.

Es geht also nicht um die Ruhe des Todes, sondern um die **Aufhebung der Spannung**, unter der der Mensch steht (vgl. *Interpretationshilfe,* S. 1 f.). Wenn Goethe die Spannung zwischen Einatmen und Ausatmen, Entselbsten und Verselbsten als Lebensprinzip sieht, können sich im Leben Ruhe und Frieden nicht einstellen. Sie sind nur im **abgeschlossenen Werk** möglich. Das fertig gestellte Gedicht gewährt die oben angesprochene **Erfüllung**, nicht die Ruhe als solche.

Wenn die Poesie „weltliches Evangelium“ ist, dient sie dazu, das Weltlich-Vordergründige, das Überdruss auslöst, zu überwinden, indem Wesentliches geschaffen wird. Der schöpferische Mensch übt **göttliche Tätigkeit** aus, wenn er Gedichte gestaltet wie die beiden Nachtlieder. Er findet darin süßen Frieden und die in der Natur beobachtete Ruhe.

11 Grenzen der Menschheit – Grenzen des Menschseins

Grenzen der Menschheit

Wenn der uralte,
Heilige Vater
Mit gelassener Hand
Aus rollenden Wolken
Segnende Blitze
Über die Erde sä't,
Küss' ich den letzten
Saum seines Kleides,
Kindliche Schauer
Treu in der Brust.

Denn mit Göttern
Soll sich nicht messen
Irgend ein Mensch.
Hebt er sich aufwärts,
Und berührt
Mit dem Scheitel die Sterne,
Nirgends haften dann
Die unsichern Sohlen,
Und mit ihm spielen
Wolken und Winde.

Steht er mit festen,
Markigen Knochen
Auf der wohlgegründeten
Dauernden Erde;
Reicht er nicht auf,
Nur mit der Eiche
Oder der Rebe
Sich zu vergleichen.
Was unterscheidet
Götter von Menschen?
Daß viele Wellen
Vor jenen wandeln,
Ein ewiger Strom:
Uns hebt die Welle,
Und wir versinken.

Ein kleiner Ring
Begrenzt unser Leben,
Und viele Geschlechter
Reihen sich dauernd
An ihres Daseins
Unendliche Kette.
(1781)

Entstehung und Thematik

Goethe hat in den von ihm selbst betreuten Ausgaben seiner Werke das hier zu interpretierende Gedicht im folgenden Zusammenhang abdrucken lassen: *Prometheus, Ganymed, Grenzen der Menschheit, Das Göttliche.* Obwohl *Grenzen der Menschheit* erst zwischen 1779 und 1781 entstanden ist, *Das Göttliche* sogar 1783, hat er wohl eine Beziehung zu den Hymnen von 1774 gesehen. Welche? Diese Frage soll später erörtert werden.

Die Überschrift muss als Grenzen des Mensch**seins** verstanden werden. Es geht nicht um die ganze Menschheit, sondern um das Wesen. Es werden in der Überschrift also **Reflexionen über den Menschen und seine Grenzen** angekündigt.

Aufbau

Die fünf Strophen in freien Rhythmen haben zweimal zehn Verse, zweimal acht Verse und abschließend sechs Verse. Die erste Strophe handelt vom „uralte(n) heilige(n) Vater", die anderen von „Göttern" (vgl. V. 11 und 30). Man kann sich nicht vorstellen, dass Goethe einmal vom christlichen Gott, ein andermal etwa von griechischen Göttern spricht. Man muss also von einer einheitlichen göttlichen Instanz ausgehen. Der Gottheit der ersten Strophe wird Gelassenheit zugebilligt (vgl. V. 3).

Die Blitze haben segnende Funktion, sie säen (vgl. V. 6), bringen also den Menschen Fruchtbarkeit. Damit scheidet Zeus als Blitzeschleuderer und Donnerer aus. Es geht hier um eine Gottheit, die den Menschen wohl tut. „Segnende Blitze" (V. 5) scheinen zunächst paradox zu sein. Man hat jedoch beobachtet, dass Einschlagstellen von Blitzen besonders fruchtbar sind, weil der Blitz chemische Reaktionen auslöst, die Stickstoff erzeugen. Deshalb handelt es sich nicht um eine widersinnige Feststellung. Blitze können demnach tatsächlich segnende Funktion haben.

Blitze sind Ergebnisse von Naturvorgängen, die für den Pantheisten Goethe göttlich sind. Besonders wenn die **Natur** dem Menschen gegenüber eine **wohltuende Gesetzmäßigkeit** offenbart, wie mit den „segnenden Blitzen", ist der Pantheist voller Bewunderung für die Natur und empfindet „Kindliche Schauer" (V. 9) vor ihrer Größe.

Diese erste Strophe des Gedichts darf also nicht im Gegensatz zu Gedichten wie *Ganymed* gesehen werden, denn wie in Letzterem steht der Mensch auch in *Grenzen der Menschheit* im **Einklang mit der Natur**.

Die erste Strophe stellt das Element Feuer in den Mittelpunkt. In den folgenden Strophen sind es die Elemente Luft (in Form der Winde), Erde (als Urgrund des Seins) und Wasser (als Welle), die den Menschen emporheben, aber auch vernichten können.[22]

Die zweite Strophe stellt den zur Selbstüberschätzung (Hybris) neigenden Menschen dar, der zu hoch hinaus will, den Halt verliert und Spielball der Winde wird. Als guter Rat wird ihm gegeben, sich nicht mit den Göttern zu messen.

Die dritte Strophe beschreibt den auf der Erde gründenden Menschen, dessen Bescheidenheit so weit gehen muss, dass er sich nicht einmal mit Eichen und Weinreben vergleichen darf.

In der vierten Strophe wird ganz direkt gefragt: „Was unterscheidet/Götter von Menschen?" (V. 29 f.) Die vorhergehenden Strophen, aber auch die vierte selbst geben die Antwort: Die physische Natur und die Größe ihrer Gesetze empfehlen dem Menschen **Bescheidenheit**, die Anerkennung seiner Grenzen, welche vor allem in der Endlichkeit liegen: „uns hebt die Welle,/ Verschlingt die Welle,/Und wir versinken" (V. 34–36), während die göttliche Natur „Ein ewiger Strom" (V. 32) ist.

Die fünfte Strophe deutet eine Lösung für den Menschen an, doch an der Ewigkeit teilzuhaben. Die Begrenzung auf einen kleinen Tätigkeits- und Daseinsbereich wird empfohlen. Ein „Ring" ist diese Lösung, der den Bereich abrundet und in sich etwas Vollkommenes darstellt. Der Ring bildet die Basis und das Einzelteil für eine Kette, die im Ablauf der „Geschlechter" (V. 39) zu einem Ganzen wird. Jeder einzelne Ring in einer Kette ist nur ein kleines Teil. Die **ganze Kette** ergibt das Große, das dem Göttlichen vergleichbar ist, deshalb kann sie wie die Gottheit die Eigenschaft „Unendlich[e]" (V. 42) tragen.

Sprache und Form

Die Sprache des Gedichts ist eher schlicht. Bescheidenheit zeigt sich auch im Satzgebrauch. Viele Sätze wirken aufgrund des Fehlens eines regelmäßigen Metrums und wegen der Reimlosigkeit wie Prosa. Die Enjambements, oft mehrere hintereinander, verstärken ebenfalls den Eindruck, es handele sich um Prosa.

Viele Einzelheiten werden mitgeteilt, aber so verbunden, dass eine lange kettenartige Folge entsteht, z. T. über die Grenzen der Strophen hinweg. Die erste Strophe z. B. beginnt mit einem temporalen „Wenn" und reicht – nicht wegen der Syntax, aber aufgrund des logischen Zusammenhangs – bis in die zweite Strophe, die mit „Denn" beginnend die Begründung für die Aussage der ersten Strophe gibt.

Zum Teil sind die Konjunktionen, die das logische Verhältnis ausdrücken, weggelassen, z. B. in der dritten Strophe: „Steht er … Reicht er nicht auf" (V. 21, 25). Die vierte Strophe stellt die entscheidende Frage: „Was unterscheidet Götter von Menschen?" In der Folge werden die Antworten gegeben.

Immer wieder trifft man auf solche kettenartigen Folgekonstruktionen. Man kann die einzelnen Aussagen mit einem Ring vergleichen, der aufgrund der Anordnung zur Kette wird. Dieses **Formprinzip der Reihung** entspricht der inhaltlichen Aussage der fünften Strophe. Der Mensch kann in seinem kleinen Bereich in Anerkennung seiner Begrenztheit etwas gestalten, das der **Vollkommenheit des Rings** gleichkommt.

Eine Kette, die die Begrenztheit aufhebt, wird durch viele Menschen im Laufe der Zeit erlangt. Unsere Kultur stellt solch eine Kette von Einzelleistungen dar. Form und Inhalt dieses Gedichts sind denselben Bauprinzipien verpflichtet. Nicht zufällig ist „Kette“ das letzte Wort des Gedichts.

Die Sprache wirkt durch Bilder sehr anschaulich. Den mit Blitzen segnenden Vater und das sein Kleid küssende Menschenkind hat man eindrucksvoll vor Augen. Indem das Ich „den letzten/ Saum seines Kleides“ (V. 7 f.) küsst, zeigt es nicht nur einen Ausdruck der Demut, sondern es hat gleichzeitig Anteil am Göttlichen auf eine bescheidene Art. Das Bild des auf der Erde stehenden Menschen in der dritten Strophe ist ebenfalls äußerst anschaulich: „Steht er mit festen,/Markigen Knochen/Auf der wohlgegründeten,/Dauernden Erde“ (V. 21–24). Der Eindruck des Festen wird hier auf vielfache Weise vermittelt. Knochen sind an sich etwas Festes; wenn sie dann noch „Markig“ sind, bedeutet das eine Steigerung. „Wohlgegründet“ und „dauernd“ weisen auf das Standhafte hin.

Auf ähnlich mehrfache Weise wird die Wassermetaphorik in der vierten Strophe zum Ausdruck gebracht. „Welle“ oder „Wellen“ kommen dreimal vor, „wandeln“ unterstützt noch als Alliteration das „W“ der Welle. Hinzu tritt die Zusammenfassung „Ein ewiger Strom“ (V. 33). Die Intensität der anschaulichen Darstellung erleichtert das Verständnis und suggeriert auf emotionale Weise die Aussage.

Auch die lautliche Gestaltung ist passend. Die Laute der ersten Strophe sind z. B. äußerst mannigfaltig und wirken dadurch bestimmt und kraftvoll.

Intention

Man hat die Haltung des Sprechers mit Recht „Selbstbewusste Demut“[23] genannt. Nicht von außen, auf keinen Fall von einer Gottheit werden hier einem selbstherrlichen Menschen Grenzen aufgezeigt, kein Luzifer wird in die Hölle verdammt. Der Mensch erkennt selbst aufgrund seiner Erfahrung und seiner Einsicht die Notwendigkeit der **Selbstbeschränkung.** Die Möglichkeit der Selbstverwirklichung liegt im kleinen Kreis, im „Ring“, wodurch er sich „Ewigkeit“ erwirbt und damit **Teilhabe am Göttlichen**.

Es ist in dieser Interpretation dargelegt worden, dass der Mensch, das Menschsein nicht einer allmächtigen, willkürlichen göttlichen Institution ausgeliefert ist, sondern dass er sich **im Einklang mit den göttlichen Gesetzen der Natur**, die seine Selbstbegrenzung bedingen, durchaus einer **Freiheit** erfreuen kann.

Die eingangs gestellte Frage nach der Beziehung dieses Gedichts zu *Prometheus* und *Ganymed* ist noch zu beantworten. Prometheus hat sich trotzig gegen die Götter aufgelehnt, ihre Machtlosigkeit dargelegt und sich durch schöpferische Tätigkeit unter Verhöhnung und Negieren des Göttlichen verwirklicht. Ganymed hat die vollkommene Einheit mit dem Göttlichen ersehnt und erlangt. Der Sprecher in *Grenzen der Menschheit* erkennt das Göttliche an, weiß aber, dass er im Großen scheitern würde und beschränkt sich daher auf die Tätigkeit im „Ring“.

Goethe stellt in den drei Gedichten *Prometheus, Ganymed und Grenzen der Menschheit* drei Handlungsmöglichkeiten des Menschen dar, die sich ergänzen. Keine kann absolut gesetzt werden. Jede hat situationsabhängig ihre Gültigkeit. In *Das Göttliche* wird eine weitere Haltung thematisiert.

12 Das Göttliche – Versuch einer Definition

Das Göttliche

Edel sei der Mensch,
Hilfreich und gut!
Denn das allein
Unterscheidet ihn
Von allen Wesen,
Die wir kennen.

Heil den unbekannten
Höhern Wesen,
Die wir ahnen!
Ihnen gleiche der Mensch!
Sein Beispiel lehr' uns
Jene glauben.

Denn unfühlend
Ist die Natur:
Es leuchtet die Sonne
Über Bös' und Gute,
Und dem Verbrecher
Glänzen wie dem Besten
Der Mond und die Sterne.

Wind und Ströme,
Donner und Hagel
Rauschen ihren Weg
Und ergreifen
Vorüber eilend
Einen um den andern.

Auch so das Glück
Tappt unter die Menge,
Faßt bald des Knaben
Lockige Unschuld,
Bald auch den kahlen
Schuldigen Scheitel.

Nach ewigen, ehrnen,
Großen Gesetzen
Müssen wir alle
Unseres Daseins
Kreise vollenden.

Nur allein der Mensch
Vermag das Unmögliche:
Er unterscheidet,
Wählet und richtet;
Er kann dem Augenblick
Dauer verleihen.

Er allein darf
Den Guten lohnen,
Den Bösen strafen,
Heilen und retten,
Alles Irrende, Schweifende
Nützlich verbinden.

Und wir verehren
Die Unsterblichen,
Als wären sie Menschen,
Täten im großen,
Was der Beste im kleinen
Tut oder möchte.

Der edle Mensch
Sei hilfreich und gut!
Unermüdet schaff' er
Das Nützliche, Rechte,
Sei uns ein Vorbild
Jener geahneten Wesen!

(1783)

Entstehung und Thematik

Die Ode (feierlicher, schwungvoller Gesang, an einen Adressaten gerichtet) ist im Jahre 1783 für einen kleinen Kreis *(Tiefurter Journal)* handschriftlich veröffentlicht worden. Goethe hat sie 1789 in seine *Schriften* aufgenommen. Er war sich dessen bewusst, dass das Gedicht Ärgernis hervorrufen könnte, da hier der **Mensch eine Definition des Göttlichen leistet**. Er ahnt die „höheren Wesen" (V. 8) nur, kennt sie nicht. Durch sein Beispiel muss er diesen Wesen eine Existenz schaffen. Das Göttliche existiert also lediglich, indem der Mensch „ein Vorbild/Jener geahneten Wesen" (V. 59 f.) ist. Es ist also **abhängig** vom Menschlichen. Hier zeigt sich eine Haltung, die nicht dem christlichen Selbstverständnis entspricht, denn es gibt ja die Offenbarungen des Göttlichen in der Bibel. Dennoch ist das Gedicht nicht unchristlich. Dem christlichen Liebesgebot entsprechen die Auffassungen in dieser Ode voll und ganz.

Aufbau

Die zehnstrophige Ode umfasst sechzig Verse. Acht Strophen haben sechs Verse, die dritte Strophe jedoch sieben und die sechste nur fünf Verse. Die kleine Unregelmäßigkeit hat sich vermutlich zufällig ergeben und ist ohne Bedeutung.

Es handelt sich um Gedankenlyrik, die Reflexionen, aber keine Erlebnisse oder Gefühle wiedergibt. Ein lyrisches Ich ist nicht erkennbar, stattdessen ein verallgemeinerndes „Wir". Die Darstellung ist zum Teil pathetisch-sentenzenhaft, im Verkündigungsstil gehalten.

Die erste Strophe fordert den Menschen zunächst auf, edel, hilfreich und gut zu sein. Eine Begründung wird gleich nachgereicht: Er sei als einziges Wesen zu ethisch-moralischen Handlungen fähig, da er **zwischen Gut und Böse unterscheiden** kann.

In der zweiten Strophe werden die „unbekannten/Höhern Wesen“ (V. 7 f.) jubilierend begrüßt. Da sie aber unbekannt sind, soll der Mensch ein Beispiel geben, damit man an die Gottheiten glauben kann.

Mit diesen beiden Strophen ist eine inhaltliche Grobfassung der Ode gegeben. Die weiteren Strophen bieten nur noch Begründungen und Differenzierungen.

Die Strophen drei und vier beschreiben die „unfühlende“ Natur. Sie unterscheidet nicht nach ethisch-moralischen Gesichtspunkten: „Es leuchtet die Sonne/Über Bös’ und Gute“ (V. 15 f.).

Die fünfte Strophe stellt dar, dass sich das Glück auch im menschlichen Bereich ähnlich indifferent gibt wie die Natur: Es begünstigt nicht nach Verdiensten.

Die sechste bis achte Strophe beschreibt das Können und die Aufgaben des Menschen näher. Die in der ersten Strophe angesprochene Fähigkeit zu unterscheiden wird konkretisiert gemäß den „Großen Gesetzen“ (V. 33), die dem Menschen gegeben sind. Damit erhält er innerhalb der Schöpfung eine besondere Verantwortung.

Die Strophen neun und zehn fassen zusammen und kommen auf den Anfang zurück: Der Mensch handelt edel, hilfreich und gut, und damit vorbildlich nach Kategorien, die er als göttlich annimmt. Er wird so ein Modell, ja eine **Inkarnation des Göttlichen**. Es ist vielleicht kein Zufall, dass die Ode zehn Strophen umfasst, die, ähnlich wie die zehn Gebote, den Menschen Handlungsanweisungen geben.

Sprache und Form

Die Sprache des Gedichts ist oft bildhaft (Wind und Ströme, leuchtende Sonne, kahler Scheitel), zum Teil auch typisierend (unschuldiger Knabe, Verbrecher). Überwiegend ist sie jedoch **feierlich-pathetisch**. Lehrsätze, Sentenzen, werden verkündet. Der Verkündigungsstil ist vor allem in den Strophen 1 bis 2 und

7 bis 10 zu erkennen („Edel sei...“; „Heil den...“; „Nur allein...“; „Und wir ...“). Das verallgemeinernde „Wir“ in Kombination mit den imperativen Wendungen „sei“ (V. 1, 56, 59), „gleiche“ (V. 10) und „schaff“ (V. 57) sowie den Verben „müssen“ (V. 34) und „dürfen“ (V. 43) geben allgemeine Richtlinien des Handelns aus, sozusagen Gebote. Gleichzeitig wird von den „ewigen, ehrnen/Großen Gesetzen“ (V. 32 f.) gesprochen, nach denen der Mensch handeln soll. Diese Gesetze werden nicht direkt genannt. Es werden dem Menschen jedoch zahlreiche Fähigkeiten und Eigenschaften zugesprochen, die ihn zu Leistungen im Bereich der Natur auswählen. Seine Fähigkeiten sind damit die **Gesetze, nach denen er handeln soll**. Er ist das Wesen in der Schöpfung, welches das Göttliche aufgrund seiner Eigenschaften am deutlichsten verkörpert. Als Fähigkeiten werden in der siebten und achten Strophe genannt: unterscheiden, wählen, richten, lohnen, strafen, heilen, retten, verbinden.

In den Strophen 1 und 10 werden durch Wiederholung besonders die Eigenschaften edel, hilfreich und gut betont. Deshalb ist der Mensch aufgerufen, „das Nützliche, Rechte“ (V. 58) zu tun. Handelt er dementsprechend, dann folgt er den „ewigen, ehrnen,/Großen Gesetzen“ (V. 32 f.) und ist in der Lage, die Kreise seines Daseins zu vollenden (vgl. V. 35 f.).

Diese Kreise erinnern an den kleinen „Ring“ in dem Gedicht *Grenzen der Menschheit*, in dem der Mensch Vollkommenheit erreichen kann und mit dem er zu einem Ring in der Kette der menschlichen Kultur wird. In der neunten Strophe des *Göttlichen* wird dieses Bild angesprochen: „was der Beste im kleinen Tut oder möchte“ (V. 53 f.). Der Mensch handelt im Kleinen so, wie er annimmt, dass die Götter es im Großen täten. Die vielen kleinen Taten ergeben ein Großes. Diese Vorstellung ist auch der christlichen Religion geläufig. Handelt der Mensch nun entsprechend, kann er „dem Augenblick/Dauer verleihen“ (V. 41 f.). Durch seine Taten kann der Mensch teilhaben am Göttlichen bzw. dieses erst konstituieren, denn die Götter sind ja nur geahnte Wesen (vgl. V. 60). Sie bleiben Projektion, wenn der Mensch ihnen nicht durch sein Beispiel Gestalt gibt, sodass man an sie glauben kann (vgl. V. 11 f.).

Intention

Die Ode *Das Göttliche* ruft den Menschen auf, durch sein Handeln das Göttliche zu definieren. Das Handeln soll gemäß den Gesetzen erfolgen, die sich in den Fähigkeiten des Menschen zeigen und die ihm eine besondere Verantwortung verleihen. Aufgrund seiner Fähigkeit, zwischen dem Guten und dem Bösen zu unterscheiden, darf er eigentlich **nur das Gute tun**, weil er sonst seinem Wesen nicht entspricht. Er kann nicht anders als **ethisch handeln**. In den Anmerkungen zur *Frankfurter Ausgabe* wird „das Ethische als die spezifisch menschliche Weise der Teilhabe am Göttlichen“[24] genannt. Indem der Mensch im kleinen Bereich etwas Vollkommenes schafft, definiert er nicht nur das Göttliche, sondern hat auch an ihm teil. Er trägt ja dazu bei, dass aus den einzelnen Ringen eine Kette wird, die unendlich ist und damit göttliche Eigenschaften erreicht. Es ist also nicht allein die ethische Einstellung, sondern zudem die **Umsetzung in Handlung** erforderlich.

Die Ähnlichkeiten mit dem Gedicht *Grenzen der Menschheit* sind aufgezeigt worden. Es sind jedoch Unterschiede vorhanden. Es geht nicht um eine Abgrenzung vom Göttlichen. Menschsein nach den angenommenen Fähigkeiten bedeutet, Verantwortung zu übernehmen, Humanität der Haltung und der Tat zu praktizieren. In *Grenzen der Menschheit* heißt es: „Denn mit Göttern / Soll sich nicht messen / Irgend ein Mensch“. Im *Göttlichen* sind es gerade die Menschen, durch die die Götter erst definiert werden. Sie sind praktisch abhängig von den Menschen.

Das so definierte Göttliche hat darüber hinaus eine politische Dimension, der sich Goethe bewusst war. In einem Brief vom April 1777 schreibt er und bezieht sich dabei vermutlich auf die Ode *Das Göttliche*: „... anbei die Ode. Wie gefall ich Ihnen auf dünnen Prophetenstelzen, Fürsten und Herren ihre Pflicht einredend?“[25]

In der Tat gilt der ethische Auftrag ebenfalls für „Fürsten und Herren“. Wenn diese die den Menschen eigenen Fähigkeiten umsetzten, wären Tyrannei und Despotie verschwunden. Auch wegen der **politischen Dimension der Ode** nahm Goethe an, sie könne manchem ein Ärgernis bedeuten.

Rezeptionsgeschichte

Goethes Gedichte begründeten einen neuen Stil in der deutschen Lyrik. Sie erwuchsen aus dem Erleben und der Anschauung des Dichters. Sie waren einfach und doch kunstvoll gestaltet, spontan konzipiert und wirkten unmittelbar. Das Einzelne stand metonymisch für das Allgemeine. Poetisch verdichtete Lebenserfahrungen führten zur Erkenntnis des Lebens. Themen wie Liebe, Ich-Findung, Gott / Mensch, Kunst und Sinn des Lebens gingen alle Menschen an. Deshalb wurden die Gedichte in Goethes Zeit viel gelesen, man schrieb sie ab und lernte sie auswendig.

Alle bekannten Komponisten der Zeit haben Goethes Gedichte vertont, u. a. Beethoven, Mozart, Mendelssohn-Bartholdy, Schubert und Schumann. Sie wurden von der Musikalität und dem Liedhaften der Verse angesprochen. Bis heute haben über 2 000 Komponisten Goethes Gedichte in Noten gesetzt. Allein *Über allen Gipfeln* hat mehr als 200 Komponisten angezogen.

In allen Epochen bis heute sind Goethes Gedichte immer wieder gelesen und neu gedeutet worden. Die in dieser Interpretationshilfe vorgestellten Gedichte finden sich in den meisten Gedichtsammlungen und Lesebüchern. Kein Dichter ist so oft mit seiner Lyrik im Abitur vertreten wie Goethe. Aber nicht nur in der Schule wird Goethe heute viel gelesen. Seine Gedichte kann man durchaus als populär bezeichnen. Das erkennt man z. B. daran, dass zeitgenössische Schriftsteller oft Elemente aus Goethes Lyrik verwenden und weiterverarbeiten oder die Gedichte parodieren. Goethe selbst wird als Figur in modernen Gedichten thematisiert (vgl. Kunert, Theobaldy). Zu Goethes heutiger Popularität hat u. a. der Sprecher Lutz Görner mit seinen Rezitationen und szenischen Darstellungen beigetragen.

Es gab Zeiten in der Rezeption, etwa 1870–1960, in denen die Gedichte als idyllisch, als „heile Welt“ missverstanden wurden. Sie wurden kaum gedeutet, vielmehr als Bildungsgut auswendig gelernt.

Angesichts der Gräueltaten des 3. Reiches wurde bezweifelt, ob man schön gestaltete Gedichte nicht als weltfremd und damit überholt ansehen müsste. Hinsichtlich unserer von Krieg, Völkermord und Umweltzerstörung gekennzeichneten Welt werden Goethes Gedichte oftmals als nicht mehr zeitgemäß empfunden. Dabei wird übersehen, dass Goethe Kriege öfter und unmittelbarer erlebt hat als wir heute und dass die Umwelt in den Städten des 18. Jahrhunderts alles andere als intakt war. Trotz oder gerade wegen dieser Erfahrungen hat Goethe schöne, ästhetische Gedichte geschrieben.

Man sieht in seinen Gedichten heute eher das **Aufklärerische, das Befreiende und das Heilende**. Das Schöne wird als **ästhetisches Vorbild und Ziel** verstanden. Die Gedichte können das Individuum stärken, indem sie Sinn vermitteln, Grenzen aufzeigen und Verantwortung bewusst machen. Sie leisten all dies in meisterhafter Form, die zu erkennen geistigen Genuss bereitet.

Literaturhinweise

Primärliteratur

Als Textgrundlage für die Goethe-Gedichte außer *Grenzen der Menschheit* wurde benutzt:

GOETHE, JOHANN WOLFGANG VON: *Werke,* Hamburger Ausgabe, Bd. 1, kommentiert von Erich Trunz, München: dtv, 1982

Textgrundlage für *Grenzen der Menschheit*:

GOETHE, JOHANN WOLFGANG VON: *Gedichte 1756–1799*, hrsg. von Karl Eibl, Frankfurter Ausgabe, Frankfurt: Deutscher Klassiker Verlag, 1987

Weiterführende Literatur

CONRADY, KARL OTTO: *Prometheus, Ganymed*, in: *Die Deutsche Lyrik I*, hrsg. von Benno von Wiese, Düsseldorf: Bagel, 1964

Sammlung von Interpretationen aus allen Epochen durch Fachwissenschaftler.

Goethe Handbuch Bd. 1: Gedichte, hrsg. von Regine Otte und Bernd Witte, Stuttgart, Weimar: Metzler, 1996

Aktuelle literaturwissenschaftliche Interpretationssammlung. Äußerst umfangreiches Werk, das alle wichtigen Gedichte Goethes behandelt. Zum Teil sind die Deutungen sehr speziell auf ein Problem bezogen.

GOETHE, JOHANN WOLFGANG VON: *Verweile doch, 111 Gedichte und Interpretationen,* hrsg. von Marcel Reich-Ranicki, 2. Auflage, Frankfurt, Leipzig: Insel, 1992

Kurze, sehr persönlich gehaltene Interpretationen aus der Reihe „Frankfurter Anthologie".

SCHMIDT, JOCHEN: *Die Geschichte des Genie-Gedankens in der deutschen Literatur, Philosophie und Politik 1750–1945*, Bd. 1, Von der Aufklärung bis zum Idealismus, 2. durchges. Auflage, Darmstadt: Wissenschaftliche Buchgesellschaft, 1988
Wissenschaftliches Werk, das sehr umfassend und gut lesbar Zusammenhänge darstellt. Der Genie-Gedanke wird sowohl in der Literatur untersucht, wo er Produktivität freisetzt, als auch in der Geschichte, wo er zu Selbstherrlichkeit und Despotismus führt.

Anmerkungen

1 GOETHE, *Werke*, Hamburger Ausgabe, Bd.1, S. 367
2 Vgl. GOETHE, *Werke*, Hamburger Ausgabe, Bd. 1, S. 462
3 Vgl. *Willkommen und Abschied* und den Kommentar zur Frankfurter Ausgabe, Bd. 1, S. 842
4 Die Frankfurter Ausgabe kommentiert „Freud und Mut" folgendermaßen: Beide Wörter beschwerter als im heutigen Sprachgebrauch, etwa „lebendige Empfindung meiner selbst in Harmonie mit dem Ganzen", „Selbstgewissheit", S. 842
5 Der Kommentar der Frankfurter Ausgabe merkt zwar an, dass „ewig" bei Goethe wie „ganz, vollkommen, in vollem Sinne der Idee" (S. 842) zu verstehen sei, doch passt das Wort „ewig" für heutige Leser in den religiösen Zusammenhang.
6 GOETHE, *Werke*, Hamburger Ausgabe, Bd. 1, S. 461
7 Vgl. 1. Johannes 4,16: „Gott ist die Liebe, und wer in der Liebe bleibt, der bleibt in Gott und Gott in ihm."
8 Vgl. J. SCHMIDT, *Die Geschichte des Genie-Gedankens in der deutschen Literatur*, Bd. 1, S. 276
9 Vgl. *Goethe Handbuch Bd. 1: Gedichte*, S. 102
10 GOETHE, *Dichtung und Wahrheit*, in: *Werke*, Hamburger Ausgabe, Bd. 9, S. 49
11 CONRADY, *Goethe: Prometheus*, in: *Die deutsche Lyrik*, hrsg. von Benno von Wiese, S. 219
12 J. SCHMIDT, *Die Geschichte des Genie-Gedankens*, Bd. 1, S. 265
13 GOETHE, *Dichtung und Wahrheit,* Hamburger Ausgabe, Bd. 9, S. 353
14 J. SCHMIDT, *Die Geschichte des Genie-Gedankens,* Bd. 1, S. 264
15 *Goethe Handbuch Bd. 1: Gedichte*, S. 183
16 Goethe verwendet das Wort „Nacht" auch für „Abend".

17 GOETHE, *Werke*, Hamburger Ausgabe, Bd. 1, S. 555
18 *Goethe Handbuch Bd. 1: Gedichte*, S. 188
19 GOETHE, *Werke*, Hamburger Ausgabe, Bd. 9, S. 580
20 GOETHE, *Werke*, Hamburger Ausgabe, Bd. 9, S. 580 f.
21 zitiert nach *Goethe Handbuch Bd. 1: Gedichte*, S. 192
22 Vgl. P. VON MATT, *Selbstbewusste Demut*, in: *Verweile doch, 111 Gedichte und Interpretationen*, S. 120
23 Vgl. P. VON MATT, *Selbstbewusste Demut*, in: *Verweile doch, 111 Gedichte und Interpretationen*, S. 120
24 GOETHE, *Gedichte 1756–1799*, Frankfurter Ausgabe, Bd. 1, S. 1048
25 Zitiert nach: GOETHE, *Gedichte 1756–1799*, Frankfurter Ausgabe, Bd. 1, S. 1047

Ihre Meinung ist uns wichtig!

Ihre Anregungen sind uns immer willkommen.
Bitte informieren Sie uns mit diesem Schein über Ihre Verbesserungsvorschläge!

Titel-Nr.	Seite	Fehler, Vorschlag

Bitte hier abtrennen

Damit lernen einfacher wird... **STARK**

Bitte hier abtrennen

Zutreffendes bitte ankreuzen! Die Absenderin/der Absender ist:

- ☐ Lehrer/in
- ☐ Fachbetreuer/in
  Fächer: ____________________
- ☐ Seminarlehrer/in
  Fächer: ____________________
- ☐ Regierungsfachberater/in
  Fächer: ____________________
- ☐ Oberstufenbetreuer/in
- ☐ Schulleiter/in
- ☐ Leiter/in Lehrerbibliothek
- ☐ Leiter/in Schülerbibliothek
- ☐ Referendar/in, Termin 2. Staatsexamen: ____________________
- ☐ Sekretariat
- ☐ Schüler/in, Klasse: ____________
- ☐ Eltern
- ☐ Sonstiges: ____________________

STARK Verlag
Postfach 1852
85318 Freising

10-V1P

Bitte ausfüllen und im frankierten Umschlag an uns einsenden. Für Fensterkuverts geeignet.

Kennen Sie Ihre Kundennummer? Bitte hier eintragen.

Absender (Bitte in Druckbuchstaben!)

Name/Vorname

Straße/Nr.

PLZ/Ort

Telefon privat

Geburtsjahr

E-Mail

Schule/Schulstempel (Bitte immer angeben!)

Unterrichtsfächer: (Bei Lehrkräften!)